Oldenbourg Interpretation
Band 44

Oldenbourg Interpretationen
Herausgegeben von
Klaus-Michael Bogdal und Clemens Kammler

begründet von
Rupert Hirschenauer (†) und Albrecht Weber

Band 44

Friedrich Schiller

Kabale und Liebe

Interpretation von Hans-Erich Struck

Oldenbourg

Die Seitenzahlen in Klammern beziehen sich auf folgende Ausgabe:
Friedrich Schiller: Kabale und Liebe. Ein Bürgerliches Trauerspiel. Stuttgart 1998,
1995 (= Reclams Universalbibliothek Nr. 33)

Zitate sind halbfett gekennzeichnet.

CIP-Titelaufnahme der Deutschen Bibliothek

Struck, Hans-Erich:
Friedrich Schiller, Kabale und Liebe: Interpretation / von Hans-Erich Struck. –
2., überarb. Aufl. – München: Oldenbourg, 1998
(Oldenbourg Interpretationen; Bd. 44)
ISBN 3-486-88643-6

© 1994 Oldenbourg Schulbuchverlag GmbH, München · Düsseldorf · Stuttgart
www.oldenbourg-bsv.de

2., überarbeitete Auflage 1998
Unveränderter Nachdruck   10   09   08   07   06
Die letzte Ziffer bezeichnet das Jahr des Drucks.

Umschlagkonzept: Mendell & Oberer, München
Umschlaggestaltung: Stefanie Bruttel
Umschlagbild: © IFA-Bilderteam, Ottobrunn/München; Fotografin: Birgit Koch
Gestaltung Innenteil: Gorbach GmbH, Buchendorf
Lektorat: Ruth Bornefeld, Simone Riedel, Marion Schweiker, München
Herstellung: Karina Hack, München
Satz: jürgen ullrich typosatz, Nördlingen
Druck und Bindung: Appl Druck, Wemding

ISBN: 3-486-**88643**-6
ISBN: 978-3-486-**88643**-6 (ab 1.1.2007)
ISBN: 978-3-637-**88643**-8 (ab 1.1.2009)

Inhalt

Vorbemerkungen 7

Handlung, Ort und Zeit 8

1 Thema ›Biografie‹: Schillers Jugend und die
   Entstehung des Dramas 13

2 Thema ›Geschichte‹: »Kabale und Liebe« im Kontext
   der historischen Bedingungen 17
2.1 Politische Verhältnisse 17
2.1.1 Der Fürst 17
2.1.2 Die Untertanen (Kammerdienerszene) 19
2.1.3 Der Hof: Präsident und Hofmarschall 20
2.1.4 Absolutismuskritik 21
2.2 Gesellschaftliche Bedingungen 23
2.2.1 Miller als Repräsentant des altständischen Bürgertums 24
2.2.2 Ferdinand und Luise: Ein neues ›bürgerliches‹ Bewusstsein 26
2.2.3 Lady Milford, Ferdinand und Wurm: Zwischen ›bürgerlicher‹
       Tugend und aristokratisch-höfischer Stellung 28
2.2.4 Höfische Amoral und ›bürgerlicher Wandel‹ 30
2.3 Familie, Gattenwahl und Generationskonflikt 32

3 Thema ›Kabale‹: Gewalt und Intrige als Machtmittel
   des dekadenten Hofes 35
3.1 Der erste Versuch der direkten Gewaltanwendung 35
3.2 Die eigentliche Kabale Wurms 38
3.3 Die Intrige der Lady Milford 40
3.4 Die ›Kabale‹ Ferdinands und die Gerechtigkeit 42

4 Thema ›Liebe‹: Die Liebenden auf der Suche nach der
   ›wahren‹ Liebe 44
4.1 Vaterliebe: Miller und Präsident 45
4.2 Wurm und Lady Milford als Liebende 47
4.3 Luise und Ferdinand als Liebende 50
4.3.1 Luise und die Entsagung 50
4.3.2 Ferdinand und die ›absolute‹ Liebe 54
4.4 Unvereinbarkeit der Positionen? 57

5   Thema ›Form‹: Der Aufbau des Dramas – Epoche und Form 59
5.1   Das bürgerliche Trauerspiel 59
5.2   Exposition und Konfiguration 60
5.3   Peripetie und Katastrophe 61
5.4   »Kabale und Liebe« als Drama des Sturm und Drang 62
5.4.1   Das Drama des Sturm und Drang 62
5.4.2   Der ›große Kerl‹ und das ›Machtweib‹ 64
5.4.3   Natur und Gesellschaft 65
5.4.4   Sprache 66
5.4.5   Schillers Dramentheorie in der Phase des Sturm und Drang 67
5.4.6   »Kabale und Liebe« und »Emilia Galotti« 69

6   Thema ›Rezeption‹: Das Drama in der Literaturkritik
       und auf der Bühne 70
6.1   Literaturwissenschaftliche Rezeption 70
6.2   Das Drama auf der Bühne 72

Unterrichtshilfen
1 Didaktische Relevanz 74
2 Lernvoraussetzungen und Einbettung in übergreifende
   Sequenzen 75
3 Unterrichtssequenzen in der Sekundarstufe II
   (Grund- und Leistungskurs) 76
4 Unterrichtssequenz in der Sekundarstufe I 88
5 Klausurvorschläge 94
6 Tafelbilder 95
7 Materialien 101

Anhang
Anmerkungen 109
Literaturverzeichnis 112
Register 116
Zeittafel zu Leben und Werk 117

Vorbemerkungen

In einem Aufsatz, in dem sich Bernd W. Seiler mit dem Problem der Polyvalenz und Fehldeutung von literarischen Texten auseinander setzt, weist er auf den Umstand hin, dass die historische Distanz des Lesers zum Text ein Hauptgrund für Unverständnis und vielfältige Missverständnisse sei. So könne man z. B. häufig die Erfahrung machen,

> daß Schülern der Selbstmord des Liebespaares in Kellers ROMEO UND JULIA AUF DEM DORFE ganz unverständlich, wenn nicht krankhaft erscheint, weil sie davon ausgehen, daß die beiden doch hätten heiraten und sich eine Existenz schaffen können. Die realen Ehehindernisse, die es um die Mitte des 19. Jahrhunderts für Personen dieses Alters und Standes gegeben hat, werden als Teilbedingung des Geschehens eben nicht ohne weiteres durchschaut.[1]

Dieser Hinweis gilt mutatis mutandis auch für das Ende des 18. Jahrhunderts und für das Drama KABALE UND LIEBE. Die Interpretation setzt deshalb zunächst – nach einer kurzen Einführung in die Entstehungsgeschichte des Stückes – bei den historischen Bedingungen an um das Zeitbedingte verständlich zu machen, damit das ›Allgemeingültige‹ um so deutlicher hervortritt.

Über die Titelwahl ist viel gestritten worden. SCHILLER selbst hat sein Schauspiel zunächst »Louise Millerin« genannt und damit in der Tradition des bürgerlichen Trauerspiels die bürgerliche Heldin herausgehoben. Der spätere, auch seit der ersten Druckfassung (1784) gebräuchliche Titel KABALE UND LIEBE stammt von dem Stückeschreiber und Schauspieler August Wilhelm Iffland, der in der Mannheimer Erstaufführung den Sekretär Wurm spielte. Sei der Titel nun oberflächlich[2] oder reißerisch[3], SCHILLER hat ihn akzeptiert und offenbar nicht nur aus Gründen der Werbewirksamkeit. So findet Storz den Titel völlig angemessen[4], da er den Riss zwischen den Liebenden und der zynischen Welt des Hofes zeige. Mehr noch: Die Begriffe kennzeichnen die beiden Haupthandlungsstränge, die, vielfach miteinander verwoben, auf die Katastrophe zulaufen. Aber auch der Einwand Binders, der Titel lenke vom eigentlichen Problem ab, da die Liebenden innerlich längst getrennt seien, ehe die Kabale sie zu entzweien beginne[5], mag nicht so recht überzeugen. *Kabale* und *Liebe*, beide Begriffe weisen auf die gleichrangigen Ursachen der Katastrophe hin, auf den Antagonismus von realer und sich absolut über Religion und Pflicht setzender Liebe und auf die gesellschaftlichen und politischen Bedingungen des Feudalabsolutismus, der – historisch gesehen – die conditio dafür ist, dass diese Liebe überhaupt zum Problem wird. Die Kabale kann gleichsam als dramatische Konzentrierung dieser Bedingungen gesehen werden, da sich der heutige Leser fragen muss, wie ein Staat und eine Gesellschaft beschaffen sein müssen, die das alles möglich machen.

Das erste Hauptkapitel führt kurz in SCHILLERS Jugendjahre, in die biografischen Bezüge und die Entstehungsgeschichte des Stückes ein. Die folgende Interpretation ist so angelegt, dass sie im zweiten Hauptkapitel versucht, ausgehend von den Hinweisen des Textes, den zeitgenössischen Hintergrund zu erhellen. Die weiteren Kapitel verfolgen die Haupthandlungsstränge, erläutern die Form und die Rezeption. Das Verfahren, ein Stück im thematischen Längsschnitt zu interpretieren, hat den Nachteil, dass die Charaktere und Szenen nicht in sich abgerundet dargestellt werden können. Abhilfe sollen hier ein Register und die Untertitel in der Gliederung schaffen, die auf entsprechende Figuren des Dramas verweisen. Das Verfahren birgt zudem für den Leser die Gefahr, den Bezug zur Handlungsabfolge zu verlieren. Deshalb sei hier eine knappe Handlungsanalyse vorausgeschickt, die einen Überblick über den Aufbau des Dramas und die Möglichkeit zur schnellen inhaltlichen Orientierung geben soll.

Handlung, Ort und Zeit
Das Stück spielt Ende des 18. Jahrhunderts in einer Residenzstadt, genauer gesagt in Stuttgart oder Ludwigsburg, einer der Residenzstädte des Herzogs von Württemberg. Dies ergibt sich aus den vielfältigen historischen Bezügen, aus denen man schließen kann, dass SCHILLER auf die Verhältnisse unter Karl Eugen von Württemberg (1728–1793) anspielen will. Die Jahreszeit ist der Winter (19), die dargestellte Zeit umfasst etwa zwei Tage: Der erste Akt beginnt am Morgen des ersten Tages, der zweite und dritte Akt spielen am gleichen Tag, der vierte und fünfte (Abend) am folgenden Tag.

Die Szenenanweisungen benennen drei Schauplätze: ein Zimmer des Musikus Miller, einen Saal beim Präsidenten und einen Saal (eventuell zwei Säle, vgl. 26, 75) im Palais der Lady Milford. Diese Handlungsorte verweisen schon auf die gesellschaftlichen Schichten, denen die Personen zuzuordnen sind.

Die Handlung ist – knapp nach Szenen zusammengefasst – folgende: (I, 1) Der Musikus Miller ist über das Verhältnis seiner Tochter Luise mit dem jungen Baron erbost. Er unterstellt Ferdinand von Walter unredliche Absichten und will den Präsidenten, den Vater Ferdinands, von der Verbindung unterrichten. (I, 2) Wurm, der nun auftretende Sekretär des Präsidenten, macht seine Ansprüche auf Luise deutlich und will den Vater für sich einsetzen. Dieser verachtet ihn und überlässt die Entscheidung seiner

Tochter. Aus den Andeutungen der Frau kann Wurm erkennen, dass – wie er vermutet hat – eine Verbindung zwischen Luise und Ferdinand besteht. (I, 3) Luise wird in der folgenden Szene vorgestellt. Sie bekennt ihre Liebe zu dem von ihr fast vergötterten Ferdinand. Der Vater missbilligt diese Liebe, worauf Luise dem Geliebten zum ersten Mal **für dieses Leben** entsagt. (I, 4) Der junge Offizier von Walter tritt nun auf. Er ist der stürmisch und unbedingt Liebende, der seine Liebe gegen alle Widerstände verwirklichen will und stolz auf seine Herkunft ist. Am Ende des Dialogs deutet ihm Luise ihren Verzicht an und schickt ihn fort. (I, 5) Der Schauplatz wechselt nun vom Zimmer des Musikus in den Saal des Präsidenten. Die fünfte Szene stellt den Präsidenten vor, seine Amoralität und seine durch Intrigen geprägte Politik. Wurm berichtet ihm von der Liebschaft seines Sohnes mit der Bürgertochter Luise. Der Präsident zweifelt an der Echtheit des Gefühls und unterbreitet Wurm seinen Plan, Ferdinand mit Lady Milford, der Mätresse des Herzogs, zu verheiraten, damit sein Einfluss am Hofe gesichert wird. Wurm schlägt dennoch eine Probe vor, um die Gefühle Ferdinands zu prüfen. (I, 6) Mit der Vorstellung des dekadenten Hofmarschalls von Kalb wird das Hofleben als verschwenderisch und hohl entlarvt. Der Präsident gibt dem Hofmarschall den Auftrag, die Hochzeit seines Sohnes mit Lady Milford bekannt zu geben und seinen Sohn bei der Lady anzumelden. (I, 7) Der herbeizitierte Ferdinand grenzt sich vom adeligen Hofleben ab. Er widersetzt sich dem Plan seines Vaters. Dieser stellt ihn auf die Probe, indem er ihm als Alternative eine **untadelige Partie** anbietet. Ferdinand tappt in die Falle, da er aus Liebe zu Luise auf eine Verlobung mit der Gräfin von Ostendorf verzichten muss. Die Folge ist, dass er gegenüber dem Vater zunächst nachgibt, aber den Plan fasst, Lady Milford zu desavouieren und so eine Heirat zu verhindern.

Der Beginn des zweiten Aktes spielt im Palais der Lady Milford. (II, 1) Die Lady offenbart ihrer Kammerzofe, wie sehr sie das Hofleben hasst, dass sie den Herzog nicht liebt und dass sie sich durch Macht und Ausschweifungen entschädigt. Sie gesteht, dass sie Ferdinand liebt und die nun geplante Heirat eingefädelt hat. (II, 2) Ein Kammerdiener des Herzogs bringt ein Kästchen Brillanten als Hochzeitsgeschenk. Er berichtet vom Soldatenhandel des Herzogs, der ihm selbst seine Söhne geraubt hat. Lady Milford ist entsetzt und entschließt sich die Brillanten zu verkaufen und mit der Summe Not leidende Familien einer Brandkatastrophe zu unterstützen. (II, 3) Ferdinand erscheint im Palais. Er will Lady Milford mit seiner Offenheit beleidigen, doch diese reagiert, indem sie ihre unglückliche Lebensgeschichte erzählt. Ferdinand ist beschämt und gerührt. Er besteht jedoch die ›Liebesprobe‹ und offenbart seine Liebe zu Luise. Lady Milford verzichtet aber nicht auf die Hochzeit, weil sie ihn liebt und bei Absage der Hochzeit bloßgestellt wäre. (II, 4) Die letzten Szenen des Aktes spielen wieder im Haus des Musikanten. Miller zieht sich wütend an. Ein Diener des Präsidenten hat nach ihm gefragt. Wurm hat offenbar geplaudert. (II, 5) Ferdinand erscheint ängstlich und vermutet seinen Vater bei Miller. Er berichtet von den Heiratsplänen ohne jedoch die Hintergründe aufzudecken. Dabei erklärt er Luise noch einmal seine Liebe. (II, 6) Der Präsident kommt mit seinem Gefolge in der Absicht, seine Pläne mit Gewalt durchzusetzen. Er erniedrigt Luise, was den Zorn Ferdinands und Millers heraufbeschwört. Der Hausherr will ihn hinauswerfen, worauf der Präsident ihm Kerkerhaft androht und Gerichtsdiener rufen lässt. (II, 7) Der Präsident befiehlt den Gerichtsdienern Luise abzuführen und an den Pranger zu stellen. Ferdinand kämpft mit den Dienern und kündigt an Luise notfalls töten zu wollen. Zuletzt droht Ferdinand damit, das Geheimnis zu lüften, wie sein Vater an die Macht gekommen ist. Auf Befehl des Präsidenten lassen daraufhin die Gerichtsdiener Luise frei.

(III, 1) In seinem Palais gesteht der Präsident den Fehlschlag seiner Unternehmung ein. Wurm entwickelt einen Plan, wie sie Ferdinand und Luise entzweien können. Die Eifersucht des Sohnes soll geweckt werden, indem man Luise zwingt einen Liebesbrief an den Hofmarschall zu schreiben, und diesen Ferdinand zuspielt. Luise soll mit der Verhaftung der Eltern erpresst werden. (III, 2) Weil er Mitwisser und Nutznießer des Betruges gewesen ist, der zum Aufstieg des alten Walter geführt hat, und weil dieser ihn mit seinem **Erzfeind** provoziert, willigt von Kalb ein den Geliebten Luises zu spielen. (III, 3) Wurm berichtet nach seiner Rückkehr von der Verhaftung der Millers und legt den Brief vor, den Luise schreiben soll. Der Präsident informiert ihn, dass der Hofmarschall gewonnen ist. (III, 4) Die folgende Szene zeigt Luise und Ferdinand in der Wohnung Millers. Luise hat keine Hoffnung mehr, dass sich ihre Liebe verwirklichen lässt. Sie will auf Ferdinand verzichten. Ferdinand schlägt eine gemeinsame Flucht vor, die Miller mit einschließt. Doch Luise will ihm nicht folgen, weil sie es für ihre Pflicht hält, **zu bleiben und zu dulden.** Ferdinand will ihr nicht glauben, vermutet hinter dieser Entscheidung einen anderen Liebhaber und verlässt wütend das Haus. (III, 5) Luise ängstigt sich, weil ihre Eltern noch nicht zurück sind. Als Wurm, von ihr zunächst unbemerkt, eintritt, hat sie eine böse Vorahnung. (III, 6) Wurm übermittelt Luise die Nachricht, dass die Eltern im Gefängnis sind, und gibt vor, dass der Vater ihn geschickt habe. Luise will sofort zum Herzog, aber mit einer List kann er sie davon abbringen. Die einzige Möglichkeit der Rettung der Eltern sei, sich vom jungen Walter loszusagen. Luise willigt widerstrebend ein. Wurm diktiert ihr den Liebesbrief an von Kalb und nimmt ihr den Eid ab, dass sie diesen jederzeit für echt erkläre.

(IV, 1) Ferdinand stürmt in den Saal des Präsidenten, in der Hand einen Brief haltend, den von Kalb bei der Parade vor seinen Augen hat fallen lassen. Er sucht den Hofmarschall. Der Kammerdiener sagt ihm, dieser sitze mit seinem Vater beim Kartenspiel. (IV, 2) Ferdinand liest den Brief durch und lässt die gemeinsamen Stunden mit Luise Revue passieren. Er ist blind vor Eifersucht und schwört Rache. (IV, 3) Als von Kalb erscheint, ist Ferdinand außer sich und stellt den Hofmarschall zur Rede. Unter Beschimpfungen drückt er ihm die Pistole auf die Brust und will alles von ihm erfahren. Aus Angst gesteht von Kalb am Ende, dass er Luise nie gesehen habe. Es kommt nicht zu dem Duell. (IV, 4) Der folgende Monolog zeigt, dass Ferdinand dem Marschall nicht geglaubt hat. Er will sich an Luise rächen. (IV, 5) Doch wird er zunächst vom Präsidenten aufgehalten. Er bittet den Vater inständig um Verzeihung, da er von Anfang an den **wahren Charakter** Luises erkannt habe. Der Präsident heuchelt, er wolle jetzt die Zustimmung zu der Verbindung geben. (IV, 6) Die letzten Szenen des vierten Aktes spielen in einem prächtigen Saal im Haus der Lady Milford. Sophie, ihre Kammerzofe, berichtet, dass Luise Lady Milfords Einladung angenommen habe und gleich eintreffen werde. Lady Milford ist unsicher und redet sich in Rage. (IV, 7) Als Luise eintritt, behandelt die Lady sie von oben herab und bietet ihr eine Stelle als Kammerzofe an. Luise erkennt das Interesse, sie von Ferdinand zu trennen, und lehnt mit bürgerlichem Stolz ab. Offen spricht sie von Ferdinand. In ihren Drohungen gibt Lady Milford zu erkennen, dass sie den jungen Offizier liebt. Im Laufe des Gesprächs zeigt sie aber, dass sie Luise anerkennt, und bittet sie auf Ferdinand zu verzichten. Luise entsagt erneut dem Geliebten, da sie erkennt, dass Lady Milford nicht an der Kabale beteiligt ist. Sie will sich das Leben nehmen und geht. (IV, 8) Beeindruckt durch den Verzicht Luises kämpft Lady Milford mit sich; sie bedenkt die Folgen eines Verzichts auf Ferdinand. Die Tugend siegt über die Liebe, der Plan zu einem Brief an den Herzog ist gefasst. (IV, 9) Lady Milford beendet den Abschiedsbrief und übergibt ihn dem inzwischen eingetroffenen Hofmarschall, der ihn laut vorliest. Lady Milford verteilt ihr Vermögen an ihre Dienerschaft, sie will das Land verlassen. Von Kalb ist entsetzt.

(V, 1) Miller, wieder freigelassen, ist in sein Haus zurückgekehrt. Er bekennt vor sich selbst seine große Vaterliebe ohne zu wissen, dass seine Tochter im Zimmer ist. Luise tritt hervor und bittet ihn Ferdinand einen Brief zu bringen. Mit Erlaubnis der Tochter öffnet Miller den verschlüsselten Brief und erkennt sehr bald, dass Luise plant mit dem Geliebten Selbstmord zu begehen. Miller hält ihr eindringlich die Sündhaftigkeit ihres Plans vor Augen. In diesem tragischen Konflikt entscheidet sich Luise für den Vater. Eine gemeinsame Flucht soll den Konflikt lösen. Die Kabale bleibt aber unaufgeklärt. (V, 2) Ferdinand tritt auf und gibt vor, er wolle nach der Zustimmung des Vaters und der Flucht der Lady Milford Luise heiraten. Doch dann zeigt er ihr den **Kabalebrief.** Luise bestätigt ihm dreimal, dass sie ihn geschrieben habe. Ferdinand ist erschüttert und verlangt nach einer Limonade. (V, 3) Er erinnert sich in dem Gespräch mit Miller, wie er Luise kennen gelernt hat. Es wird deutlich, dass er zum Mord an Luise entschlossen ist und Miller bedauert. (V, 4) Noch kämpft Ferdinand mit sich, ob er den Plan ausführen soll, und entschließt sich letztlich dazu, angeblich um Miller vor der **schrecklichen Wahrheit** einer verdorbenen Tochter zu bewahren. (V, 5) Er zahlt eine überhöhte Summe für seine Flötenstunden, die der Musikus kaum annehmen kann. Aus Ferdinands Andeutungen wird dem Zuschauer klar, dass Ferdinand Luise und sich selbst umbringen will. Miller ist dagegen außer sich vor Freude über das Geld, das er Luise zugute kommen lassen will. (V, 6) Angeblich um ein Essen abzusagen schickt Ferdinand Miller mit einem Brief zum Präsidenten. Luise ahnt etwas. Während sie ihrem Vater hinausleuchtet, schüttet Ferdinand Gift in das Limonadenglas. (V, 7) Er trinkt selbst die vergiftete Limonade und bringt Luise dazu, auch zu trinken. In seiner Verblendung wirft er ihr Untreue vor. Sie kann ihre Lage nur andeuten. Als sie erfährt, dass sie vergiftet worden ist, fühlt sie sich nicht mehr an den Eid gebunden und erklärt, sein Vater habe den Brief veranlasst. Sie stirbt. Ferdinand, außer sich vor Wut, will ihren Tod rächen. (V, 8) Aufgeschreckt durch den Abschiedsbrief seines Sohnes erscheint der Präsident mit einem großen Gefolge, danach auch Miller und weitere Personen. Ferdinand zeigt seinem Vater anklagend die tote Luise. Der Präsident gibt erschrocken Wurm die Schuld. Wurm wird abgeführt, will aber die dunklen Machenschaften des Präsidenten aufdecken. Miller verlässt klagend über den Tod seiner Tochter die Szene, während Ferdinand sterbend seinem Vater vergibt. Auch der Präsident lässt sich zum Schluss abführen.

1 Thema ›Biografie‹: Schillers Jugend und die Entstehung des Dramas

KABALE UND LIEBE als autobiografisches Drama deuten zu wollen erscheint abwegig, da keine der auftretenden Personen so viele Parallelen aufweist, dass sie als ›Spielfigur‹ SCHILLERS aufzufassen wäre. Aber vieles – wie sollte es anders sein – ist aus persönlichen Erlebnissen und Erzählungen seiner Umgebung eingeflossen, vor allem die direkte Anschauung des Württemberger Hofes unter Karl Eugen (vgl. Mat. 1, 2), dessen höfische Prachtentfaltung er in Ludwigsburg als Kind beobachten und als Schüler der Karlsschule auf Schloss Solitude miterleben konnte. Als Landesherr griff Karl Eugen mehrfach direkt in das Leben SCHILLERS ein.

SCHILLER stammt wie die meisten Stürmer und Dränger aus kleinbürgerlichen Verhältnissen, sein Vater ist »Wundarzt« und tritt später als Offizier in herzogliche Dienste, die er 23 Jahre trotz skandalöser Behandlung getreulich und gehorsam leistet. Die väterlichen Charakterzüge der Strenge und des Jähzorns sowie der Devotion mögen in Miller eingeflossen sein. Die Mutter, gütiger und warmherziger, der heiteren Geselligkeit nicht abgeneigt, ist eine tief religiöse Frau. **Ihr Christenglaube hat etwas Schwärmerisches, [d]es Vaters Christentum ist von rigoroser Art, sein Gott ist der allmächtige Vater und der allwissende Richter. Der Geist des schwäbischen Pietismus dürfte, in unterschiedlicher Weise, in beiden Eltern wirksam gewesen sein.**[6] Der Vater bestimmt seinen Sohn zum Geistlichen und Friedrich soll, so die Schwester, von Jugend an eine tiefe Neigung für diesen Stand gehabt haben. Er erhält Unterricht vom Dorfpfarrer in Lorch, besucht später die Lateinschule in Ludwigsburg und legt jährlich das Landesexamen ab, eine Voraussetzung für das Theologiestudium in Tübingen. Doch inzwischen hat Karl Eugen in der ›Nachfolge‹ Rousseaus seine Berufung als Pädagoge entdeckt und eine ›militärische Pflanzschule‹ für begabte Offizierssöhne gegründet. Er wird auf Friedrich aufmerksam und befiehlt den Vater zu sich, um ihm mitzuteilen, dass er seinen Sohn in die neu gegründete Schule zu schicken habe. Der Vater beugt sich dem Befehl des höchsten Vorgesetzten. Friedrich ist für das Studium der Jurisprudenz vorgesehen. Die **Militär-Akademie** ist geprägt von militärischem Drill und hermetischer Abgeschlossenheit, die die Schüler auch von ihren Familien entfremdet. Der Herzog betrachtet sich als Ersatzvater seiner Zöglinge und greift auch persönlich in die Erziehung ein. Trotz egalitärer Vorstellungen werden die adeligen Kavaliere und die bürgerlichen Eleven unterschiedlich behandelt. Friedrichs poetische Neigungen scheinen früh entdeckt worden zu sein, denn er wird zu allerlei Huldigungspoemen an den Herzog und seine Mätresse, Franziska von Hohenheim, Vorbild für Lady Milford, herangezogen. Seine philosophischen Ausarbeitungen zeugen von der Auseinandersetzung mit der Aufklärung, die ihm vor allem von seinem Lehrer Abel nahe gebracht worden ist. Hinzu kommt die private Lektüre von Shakespeare, Klopstock, Goethe, Klinger und Schubart, die den Freundschaftskult und den Freiheitsdrang der eingeschlossenen Schüler noch steigern. Nach dem Umzug der Akademie von Schloss Solitude nach Stuttgart – sie heißt nun ›Hohe-Karls-Schule‹ – wechselt SCHILLER sein Fachstudium: Er wird Mediziner, macht Examen, bleibt in Stuttgart und tritt als ›Regimentsmedikus‹ in herzogliche Dienste. Die privaten und dichterischen Sturm-und-Drang-Jahre beginnen. Er veröffentlicht im Selbstverlag DIE RÄUBER und den Gedichtband ANTHOLOGIE AUF DAS JAHR 1782. Die folgenden Jahre sind geprägt von chronischem Geldmangel, dem ausgeprägten Wunsch nach persönlicher und dichterischer Selbstverwirklichung und der Einbindung in die engen Grenzen des militärischen Gehorsams. Der unerlaubte Besuch einer Mannheimer Aufführung seiner RÄUBER ist Ausgangspunkt der zweiten Wende in SCHILLERS Leben, die wiederum eng mit Karl Eugen verbunden ist.

Der Herzog erfährt von der heimlichen Reise, er bestellt SCHILLER zu sich, bestraft ihn mit vierzehn Tagen Arrest und viel schlimmer – später, nach Protesten gegen die RÄUBER – mit einem Schreibverbot: **Bei Strafe der Kassation schreibt Er mir keine Komödien mehr!**[7] SCHILLERS demütige Bitten an den unumschränkten Herrn, den er zugleich mit ›Vater‹ anredet, mildern die Strafe nicht. In der Arrestzelle soll SCHILLER, nach einem Bericht von Karoline von Wolzogen, den ersten Plan zu»Louise Millerin« gefasst haben. In der Nacht auf den 23. September flieht er mit seinem Freund Streicher aus Stuttgart und Württemberg nach Mannheim. Aus Angst vor den Nachstellungen des Herzogs setzen sie ihre Flucht über Frankfurt nach Oggersheim fort. Auf dieser Reise, im Oktober, entstehen die ersten Aufzeichnungen zu»Louise Millerin«. Die Mäzenin Henriette von Wolzogen bietet ihm Asyl in einem kleinen Landhaus in Bauerbach, einem einsamen Dorf in Thüringen. Dort schließt er am 14. Januar 1783 die erste Fassung ab, die noch mehrfach bis zur endgültigen Bühnenfassung, entstanden ab Februar 1784 in Mannheim, abgeändert wird. In Mannheim erhält SCHILLER einen Vertrag als Bühnenautor, seine Existenz ist fürs Erste abgesichert. Im März 1784 erscheint das Drama unter dem Titel KABALE UND LIEBE in der Mannheimer Hofbuchhandlung im Druck, am 15. April 1784 ist die Uraufführung in Frankfurt, zwei Tage später wird es im Nationaltheater von Mannheim im Beisein des Autors mit großem Erfolg aufgeführt.

Schon der kurze Abriss der Jugendjahre zeigt, dass KABALE UND LIEBE in einer für den dreiundzwanzigjährigen SCHILLER brisanten psychologischen Situation entsteht. Die ungeheure Entscheidung, die Heimat und alle sozialen Bindungen hinter sich zu lassen und der tief empfundenen Berufung zu folgen, ist ein Akt der Selbstwahl, der von Mut und Größe zeugt. Er schafft sich einen Freiraum, nimmt aber eine wirtschaftlich und strafrechtlich (Desertation) bedrohte Existenz in Kauf, die – so zeigen die Briefe – Ängste in ihm auslösen. Diese Ängste beziehen sich auch auf die Familienmitglieder, vor allem auf den Vater, die schutzlos der angedrohten Rache des Herzogs ausgesetzt sind:

Brief an den Herzog vom 24. September 1782:
Das Unglück eines Unterthanen und eines Sohns kann dem gnädigsten Fürsten und Vater niemals gleichgültig seyn. Ich habe einen schröklichen Weg gefunden, das Herz meines gnädigsten Herrn zu rühren, da mir die natürlichen bei schwerer Ahndung untersagt worden sind. [...]

Brief an die Schwester Christophine, 18. Oktober 1782:
Mir ist sehr wohl, biß auf die Ungeduld, mich ganz meiner Larve und meiner Comödienrolle entledigt zu sehen. Ich habe schon einen artigen Strich durch die Welt gemacht. [...] Frei bin ich und gesund wie ein Fisch im Wasser, und welchem freien Menschen ist nicht wohl. [...] Sage dem liebsten Papa, daß ich den Brief an ihn mit eben dem Herzen, als er den seinen an mich geschrieben habe, daß ich aus guten Gründen so mit ihm gesprochen habe, um sein Schiksal von dem meinigen zu trennen. [...]⁸

Auch wenn der Brief an den Landesherrn strategisch-devot zum Schutz der eigenen Familie ausfällt, es sind im persönlichen Umgang auch Bindungen entstanden, die den für die Zeit revolutionären Schritt der Aufkündigung des Untertanenverhältnisses noch verschärfen. SCHILLER muss sich mit dem Nomos des doppelten Patriarchats auseinander setzen: War die Flucht wirklich ein notwendiger Schritt um Zwänge und Ungerechtigkeit hinter sich zu lassen und Verantwortung, Gewissen und Pflichten als Untertan und Sohn hintanzustellen? Die Antinomie von Selbstverwirklichung und sozialer Verantwortung führen ihn wie Ferdinand und Luise in ein Dilemma. Zu dieser verwickelten Situation kommt noch eine unglückliche Liebe zu der siebzehnjährigen Charlotte von Wolzogen hinzu, der Tochter seiner Beschützerin in Bauerbach. Die Standesunterschiede werden ihm wieder schmerzlich bewusst.
Am 14. April 1783 schreibt SCHILLER an seinen Freund Reinwald:

Wir schaffen uns einen Karakter, wenn wir unsere Empfindungen, und unsre historische Kenntniß von fremden, in andere Mischungen bringen [...] Alle Geburten unsrer Phantasie wären also zuletzt nur Wir selbst. [...] Das was wir für einen Freund und was wir für einen Helden unsrer Dich-

tung empfinden ist eben das. In beiden Fällen führen wir uns durch neue Lagen und Bahnen, wir brechen uns auf anderen Flächen, wir sehen uns unter andern Farben, wir leiden für uns unter andern Leibern.[9]

Die Frage, ob SCHILLER, wenn schon keine autobiografische, so doch vielleicht eine Identifikationsfigur anbietet, ist damit wieder aufgeworfen. Die Hauptfiguren seines Dramas sind Repräsentanten – mit Burger zu sagen – der drei Wirklichkeiten im Weltbild SCHILLERS: der höfischen Welt Württembergs, des schwäbischen Bürgertums und der Jugendbewegung des Sturm und Drang.[10] Die persönliche Abrechnung mit dem Feudalabsolutismus ist überdeutlich, SCHILLER führt sie mit der Schärfe des Sturm und Drang.

2 Thema ›Geschichte‹: »Kabale und Liebe« im Kontext der historischen Bedingungen

2.1 Politische Verhältnisse

In einer Interpretation aus dem Jahre 1923 nennt Korff das Drama **einen Dolchstoß ins Herz des Absolutismus**[11] und hat damit sicherlich Recht. Nicht von ungefähr ließ Karl Eugen, der Herzog von Württemberg, die Aufführung des Stückes in Stuttgart verbieten. *KABALE UND LIEBE* spielt zum Teil **am Hof eines deutschen Fürsten** (3). In der Sekundärliteratur ist unbestritten, dass SCHILLER auf die Verhältnisse am Hofe des oben erwähnten Karl Eugen, seines Landesherrn, anspielt. Die im Anhang angefügten Materialien (Mat. 1, 2) beziehen sich auf diese Anspielungen. Doch zunächst soll untersucht werden, inwieweit SCHILLER allgemein die Herrschaftsform des Absolutismus kritisiert.

Die historische Bedeutung der Epoche des europäischen Absolutismus liegt darin, dass sie die Grundlagen des modernen Staates schuf. Kennzeichen dieser Herrschaftsform ist die Konzentration der Staatsgewalt, der Souveränität, auf den Monarchen bei weit gehender Ausschaltung der autonomen politischen Körperschaften, z. B. der Stände. Nach Bodin definiert sich die Souveränität als eine Gewalt, die über allen Bürgern bzw. Untertanen und über den Gesetzen steht (princeps legibus solutus), sich jedoch nicht auf das göttliche und natürliche Recht (ius) erstreckt. Die sich aus den menschlichen Zusammenhängen von Familie und Eigentum ergebende natürliche Ordnung sollte dem besonderen Schutz des Souveräns unterstehen.

2.1.1 Der Fürst

SCHILLER weist schon in seinem Personenverzeichnis auf das allumfassende Hoheitsmonopol des Fürsten hin, der zwar nicht in persona auftritt, aber doch allgegenwärtig zu sein scheint: Alle Personen sind privatrechtlich oder öffentlich-rechtlich, direkt oder indirekt von ihm abhängig. So könnte das Genitivattribut (**des Fürsten**), das hier dreimal auftaucht, zur Kennzeichnung jeder Person, vom Premierminister bis zum Musikus, dem Untertanen des Fürsten, angefügt werden. Auch im Stück selbst steht der Herzog – meist bedrohlich – im Hintergrund. Seine Person lässt sich allerdings nur durch die Fremdbilder rekonstruieren, die man nach dem Antagonismus *Allmacht und Schwäche* ordnen könnte.

Miller hat Angst, dass der Fürst von der Beziehung seiner Tochter mit einem Adligen erfährt und das **siedende Donnerwetter** über ihn kommt

(11). Später werden er und seine Familie erfahren, was selbst die **geliehene Macht** des Herzogs vermag. **Wurm wird Luise verkünden, dass ihr Vater auf Befehl des Herzogs** in den Turm geworfen worden ist, da er die Majestät in der Person des Präsidenten beleidigt habe. Luises Ausruf **O ewige Allmacht!** ist in diesem Zusammenhang durchaus doppeldeutig zu verstehen (62). Die unumschränkte, ungeteilte und unkontrollierte Gewalt erstreckt sich aber nicht nur auf die einfachen Untertanen, sondern auch auf den Hof. So deutet der Präsident seine Karriere als **gefährliche Bahn zum Herzen des Fürsten** (21, vgl. auch 20, 24) und auch Ferdinand weist auf die Furcht als Herrschaftsmittel hin (22). Für die einfachen Untertanen bleibt dieser unumschränkt herrschende Fürst unerreichbar. Millers armselige **Leibschneider-Kontakte** reichen da wohl nicht (46, 63). Überhaupt scheint sich die Größe des Fürsten noch dadurch zu steigern, dass er als übergeordnete und nicht konkret fassbare Macht stets im Hintergrund bleibt.

Andererseits wird Lady Milford kurz vor ihrer Abreise sagen, dass sie sich von dem Schimpf reinigen müsse, den Herzog beherrscht zu haben (85). Viele Äußerungen der Lady und ihrer Kammerzofe weisen darauf hin, wie viel Macht die Mätresse über ihren **Herrn** hat (26, 27, 28, 34, 39, 83). Sie kennt den **armseligen Fürsten** als Menschen, weil sie diesem **großen und reichen Mann auf dem Bettelstabe begegnet** (27) ist. Es sind die menschlichen Schwächen, seine Wollust (36, 64), seine Genusssucht und seine Eitelkeit, die ihn schwach und manipulierbar machen, nicht nur für die Favoritin, sondern auch für den Präsidenten, dessen **mächtigste Springfedern in die Wallungen des Fürsten hineinreichen** (17 f.).

Menschliche Schwächen wirken um so verheerender, wenn es um das Schicksal eines gesamten Landes geht. Die Gefahr, die von der Kombination von Allmacht und Schwäche, d. h. von fehlender moralischer Integrität des Monarchen, ausgeht, ist in der Herrschaftsform des Absolutismus systemimmanent. Die Grenzen zwischen öffentlich und privat, zwischen Staatsräson und Privatinteresse verwischen. So wird die Versorgung der herzoglichen Favoritin zu einer innenpolitischen Aufgabe um die Reputation nach außen und die Etikette (statt Moral) aufrechtzuerhalten (17), so lässt sich kaum noch zwischen öffentlichem und privatem Eigentum (**sein Land, sein Fürstentum,** 27, 28) unterscheiden. SCHILLER mag diese Zusammenhänge gesehen haben, aber noch deutlicher setzt seine Kritik bei den negativen Äußerungsformen des Despotismus an, bei der Verschwendungssucht und dem Mätressenwesen, der Willkürherrschaft und Ausbeutung, deren ethische und ökonomische Seite eng verbunden sind.

Barocke Repräsentation war von Anfang an ein Herrschaftsmittel des Absolutismus, da sie nicht nur machtpolitisch, sondern auch kulturell den

Hof, die Residenz zum Herrschaftsmittelpunkt eines Staates machte. Es sind vor allem die Auftritte des Hofmarschalls und der Lady Milford, die einen Einblick in das leere Hofzeremoniell und die verschwenderische Hofhaltung des Fürsten geben: Der Tag, der im Stile des Sonnenkönigs mit dem **Lever** (19) beginnt, ist ausgefüllt mit Lustbarkeiten und ausgiebigen Gelagen. Der Herzog überhäuft seine Favoritin mit Geschenken und stattet sie mit einem Schloss und Dienstpersonal aus. Bezeichnenderweise sind es nicht nur Miller, Ferdinand und Luise, die Kritik am Mätressenwesen üben (**privilegierte Buhlerin**, 23, 45, 78), sondern auch Lady Milford selbst, die den Fürsten als nimmersatte Hyäne darstellt (36). Sie habe letztlich dem **Tyrannen** die Zügel abgenommen und die Leiden des Landes gemildert.

2.1.2 Die Untertanen (Kammerdienerszene)

Das Volk muss letztlich diese Verschwendung bezahlen, wenn der Herzog die **Quellen seines Landes in stolzen Bögen gen Himmel springen, oder das Mark seiner Untertanen in einem Feuerwerk hinpuffen** (27) lässt. Das Bild des Feuerwerks verbindet – auch historisch anhand vieler Unglücksfälle nachweisbar – die beiden Seiten, das prachtvolle Schauspiel und die Gefahr sowie das Leid des Volkes. So könnte man auch die Ankündigung des Hofmarschalls verstehen, der sich auf das **süperbeste** [s. superbus] **Feuerwerk** freut: **Eine ganze Stadt brennt zusammen.** (53) Ein Feuer hat auch eine Grenzstadt vernichtet und eine Vielzahl von Familien mittel- und obdachlos gemacht. Das Unglück wird nicht durch die Wohlfahrt des Staates gemildert, vielmehr verderben die Unglücklichen in den fürstlichen **Silberbergwerken** (31). Es ist zu beobachten, dass durchgängig Gold, Silber und Perlen als Zeichen des Reichtums dem Hof zugeordnet sind und diese den Tränen, dem Leid des Volkes, gegenübergestellt werden (13, 28, 29, 39, 31, 63, 84). Ferdinand prangert die **ungeheure Pressung des Landes** (34) an und auch Lady Milford beklagt seinen **Ruin** (34). Letztlich ist auch ihr Abschiedsbrief eine Anklage des Despotismus (84).

Die berühmte Kammerdienerszene (II, 2), die oft isoliert abgedruckt und betrachtet wird und auch nicht so recht in die Handlungsstränge passen will, gibt einen weiteren Einblick in die Zustände und ist ein beredtes Zeugnis der Kritik. Realistisch schildert hier der Kammerdiener die Sammlung und den Abmarsch verkaufter Truppenteile, das Leid der Familienangehörigen, die Willkür, mit der der Herzog einige **vorlaute Bursch** hinrichten lässt. Das Hochzeitsgeschenk für Lady Milford wird durch den Verkauf von 7000 gewaltsam rekrutierten Soldaten finanziert. Nicht der Herzog, sondern die Untertanen zahlen alles (29). Der Soldatenhandel kann exemplarisch als äußerste Form der Ausbeutung betrachtet werden, die den

Menschen zur Ware macht. Der Kammerdiener – persönlich durch den Verlust seiner Söhne betroffen – hinterfragt hier voller Sarkasmus die Rolle des Fürsten als **Landesvater**, der wahrlich seine **Landeskinder** im Joch verkauft (29). Mit der Vorstellung des **gnädigsten Landesherrn** (30) und Pater Patriae, von der auch Miller zunächst geleitet zu sein scheint, wird gründlich aufgeräumt. In ihrer Ohnmacht bleibt den Soldaten und dem Kammerherrn einzig die Anklage vor Gott (30). Noch etwas wird hier deutlich, das wieder den Zusammenhang von Ethik und Ökonomie herausstellt: Der Hof begeht Unrecht um des Gewinns willen, meint andererseits – hier die Favoritin des Herzogs – Unrecht mit Geld und Gold begleichen zu können. Nicht nur der Präsident (**Skortationsstrafe**, 17), sondern auch Lady Milford (30, 31, 85) und Ferdinand (96 ff.) scheinen von dieser Einstellung geleitet zu werden. Damit verkommt auch das Recht zur Ware, die Untertanen sind der völligen Willkür ausgesetzt. Der Musikus ist dafür das beste Beispiel (vgl. 3.1).

2.1.3 Der Hof: Präsident und Hofmarschall

In ihren Äußerungen wissen die Personen wohl zwischen dem Fürsten, dem Hof und der Stadt zu unterscheiden (11, 20, 24, 26) und weisen damit auch auf die politischen Körperschaften hin. Der Markt als Zentrum der städtischen Wirtschaft und der Selbstverwaltung (11, 99) wird erwähnt. Wie wenig aber diese (Residenz-) Stadt noch eine autonome Selbstverwaltungskörperschaft mit eigenem Gerichtssprengel ist, demonstriert der Erste Minister des Fürsten anhand des städtischen Bediensteten Miller: Der Hinweis auf seine Stellung (**Stadtmusikus Miller**, 43) nützt ihm wenig, frei können die Vertreter des Herzogs mit dem Bürger umspringen (51), ihn ins Gefängnis werfen und seine Tochter an den Pranger stellen (45, 47), der meist auf einem öffentlichen Platz einer Stadt zu finden war (61). Die Stadt ist in das Hoheitsgebiet des absolutistischen Staates eingeordnet, ihre Bürger sind Teil des einheitlichen Untertanenverbandes geworden.

Neben den landständischen Städten gehörten auch der hohe und niedere Adel in den meisten deutschen Partikularstaaten zu den Landständen. Im Zuge der Sozialdisziplinierung und der staatlichen Konzentration im absolutistischen System wurden auch dem Adel neue Funktionen zugewiesen: in der Verwaltung und Diplomatie, im fürstlichen Heer und in der Hofhaltung. Der Präsident ist ein Beispiel dafür, dass der Adel in Ministerämtern zu neuer Machtentfaltung gelangen konnte. (**Wenn ich auftrete, zittert ein Herzogtum**. 25, vgl. auch 5, 7, 15, 16, 32, 42, 56). Dass diese Gewalt aber eine aus der fürstlichen Souveränität abgeleitete ist, beweist der Präsident im Umgang mit den Insignien seiner Macht (16): ([S]einen Orden entblößend). **Legt an im Namen des Herzogs** […] (46). Als Günstling und Siegelbewahrer (Reihenfolge!) ist er zwar nach Wurm der Schatten der Majestät (51), aber seine Stellung ist eben von der Gunst des Herzogs abhängig, sein Einfluss ist stets gefährdet. Intrige, Verbrechen, Glück bzw. Risikobereitschaft (vgl. das Motiv des Kartenspiels) und **biegsame Hofkunst** (50, 28), d. h. auch devote Unterordnung, brachten ihn ins Amt und halten ihn an der Macht.

Der Präsident ist Staatsmann und studierter (22, 56) Verwaltungsfachmann, wie auch Wurm, der als Bürgerlicher im fürstlichen Verwaltungsdienst aufgestiegen ist. Neben dem stehenden Heer, dessen Repräsentant Ferdinand ist, war die Beamtenschaft eine wichtige Säule des fürstlichen Absolutismus. Von weit geringerer Bedeutung waren die adeligen Hofämter, die meist nur repräsentative Funktion hatten. Hofmarschall (ursprünglich ein wichtiges Amt der landesfürstlichen Hofverwaltung) von Kalb erscheint deshalb im Drama auch nur als reine Karikatur. Die Verachtung des Präsidenten, Lady Milfords (**fürstliche Drahtpuppe**, 83) und die derben Worte Ferdinands sprechen für sich. Auf den ängstlichen Einwurf des Marschalls, dass er noch viel zu tun habe und sich deshalb nicht duellieren könne, fragt Ferdinand zurück: **Ein Register zu führen über die Stuhlgänge deines Herrn und der Mietgaul seines Witzes zu sein?** (71) Ohne wirkliche Aufgabe und Identität muss er sich fragen: **Was bin denn ich, wenn mich Seine Durchleucht entlassen?** (56)

2.1.4 Absolutismuskritik

Es sind vor allem Ferdinand und Luise, aber auch Lady Milford, die in der Auseinandersetzung mit den Repräsentanten des Hofes Kritik am fürstlichen Absolutismus und am Hofstaat üben. Luise will dem Herzog ausmalen, was Elend ist, **will es ihm vorheulen in Mark und Bein zermalmenden Tönen,** da **die Großen der Welt noch nicht belehrt sind, [...] nicht wollen belehrt sein.** (64) Ferdinands Kritik setzt bei den persönlichen Verbrechen seines Vaters an. Er verweigert sich einer glänzenden politischen Karriere (22) und reagiert mit grundsätzlicher Kritik auf den Vorwurf des Präsidenten, er werde es im Leben zu nichts bringen: **Oh immer noch besser, Vater, als ich kröch' um den Thron herum.** (22) Warum dieser Vorwurf, da er als Offizier doch selbst in Diensten des Fürsten steht und mithilfe seines Vaters eine militärische Karriere gemacht hat?

Sein Pflichtbewusstsein als Offizier hat eine andere Grundlage: **Der Staat gab mir** [den Degen] **durch die Hand des Fürsten [...]** (33); er fühlt sich als Diener des Staates, nicht des Fürsten, er wird geleitet durch **die Pflichten des Patrioten** (50). Eine zweite Grundlage ist sein Standesbewusstsein, die Verpflichtung gegenüber den Ahnen, gegenüber einem Wappen, das ein halbes Jahrtausend alt ist. Seine Vorstellung von Ehre (23, 24,

32, 33, 34) und persönlichem Adel (49) – eine Vorstellung, die sich im Prinzip mit der der Lady Milford deckt (27) – ist also nicht nur beeinflusst durch die ›bürgerliche Moral‹ (vgl. 2.2.2), sondern auch von einem Standesbewusstsein, das ihn von den Hofschranzen unterscheidet: Der Fürst **selbst ist nicht über die Ehre erhaben, aber er kann ihren Mund mit seinem Golde verstopfen. Er kann den Hermelin über seine Schande werfen.** (33) Sowohl von Walter als auch der Marschall führen den Titel *Baron*, der im Deutschen Reich synonym zum Titel *Reichsfreiherr* verwendet wurde. Sie waren also eigentlich reichsunmittelbar und keine Untertanen des Herzogs (vgl. Mat. 2), sondern nur durch den Dienst an ihn gebunden. So erscheint nicht nur Wurm – wie oft in der Sekundärliteratur herausgehoben – als der ›korrumpierte Bürger‹, sondern auch der Hofadel ist korrumpiert: der Präsident und die englische Fürstin durch die Macht, der Hofmarschall durch die Prachtentfaltung und die Ablenkungen des Hoflebens. So richtet sich Ferdinands Kritik nicht nur gegen den fürstlichen Absolutismus, sondern auch gegen seine Standesgenossen, deren Vorfahren selbst Träger lokaler und regionaler Gewalten waren.

Die Darstellung der Willkür, der Misswirtschaft und des Unrechts wird also ergänzt durch explizit geäußerte Kritik am absolutistischen System. Wie tief geht aber dieser ›Dolchstoß‹ SCHILLERS? Keine Person ruft zum Sturz oder gar zur Ermordung des ›Tyrannen‹ auf. Trotzdem führt seine Kritik zu den Legitimationsgrundlagen des höfischen Absolutismus. Ferdinands Kritik erinnert manchmal an die Auffassung, dass der Fürst als erster Diener des Staates aufzufassen sei. Auch Lady Milford erinnert den Herzog in ihrem Abschiedsbrief (**Glückseligkeit Ihres Landes,** 84) an den Anspruch des absolutistischen Staates, Recht und Frieden, Schutz und Wohlfahrt für die Gesellschaft und das Individuum zu garantieren. **Kann der Herzog Gesetze der Menschheit verdrehen?** (33), fragt Ferdinand und klagt damit auch die aus dem Naturrecht abgeleiteten Menschen- und Bürgerrechte ein: Unverletzlichkeit der Person, Rechtsgleichheit und -sicherheit, Schutz der Familie und des Eigentums. Noch deutlicher ist der Angriff auf die religiösen und ethischen Grundlagen des Absolutismus: **Es leb' unser Landesvater – am Jüngsten Gericht sind wir wieder da!** (30), schreien die verkauften Soldaten. Auch Lady Milford und Luise mahnen an das Jüngste Gericht, vor dem auch der Fürst stehen wird (34, 64). Diese Klagen sind einerseits Indiz der Ohnmacht der Untertanen, andererseits weisen sie darauf hin, dass der Souverän die Grenzen seiner Gewalt durch Verletzung des natürlichen und göttlichen Rechts überschritten hat. Kann eine solche Herrschaft gottgewollt sein? Es bleibt offen, ob hier das Gottesgnadentum als Legitimationsgrundlage der absolutistischen Herrschaft im Prinzip hinterfragt wird oder ob der Fürst nur an diesem Anspruch gemessen werden soll. Auf jeden Fall liegt hier der Hauptansatzpunkt von SCHILLERS Kritik, der noch einmal bei der Besprechung der bürgerlichen Moralvorstellungen aufgenommen werden soll.

2.2 Gesellschaftliche Bedingungen

In seiner umfangreichen SCHILLER-Biografie bewertet Lahnstein KABALE UND LIEBE als das Werk SCHILLERS, das am stärksten auf seine Zeit bezogen sei: **Allein in KABALE UND LIEBE erleben wir Schillers Zeitalter, seine gesellschaftlichen Probleme.**[12] Die Rezeption des Dramas als sozialpolitisches Stück begann etwa mit der Revolution von 1848/49 (vgl. 6.1) bis hin zu der Einordnung im Nachwort der vorliegenden Textausgabe, das Stück sei das erste soziale Drama der deutschen Literatur.[13]

Die gesellschaftliche Schichtung bzw. die ständische Gliederung wird schon durch den Aufbau des Personenverzeichnisses widergespiegelt: Der Adel als Spitze der Ständepyramide steht über dem Bürgertum und den städtischen Unterschichten, den Bediensteten. Angeführt wird der Adel durch den Präsidenten von Walter, der, herausgehoben durch seine Stellung am Hofe, den anderen übergeordnet ist, gefolgt von seinem Sohn und dem Hofmarschall. Lady Milford ist den männlichen Personen nachgeordnet, eventuell aus Gründen der Reputation ihrer Stellung am Hofe, die jedoch nicht – wie oben aufgezeigt – ihrem tatsächlichen Einfluss entspricht. Wurm, der eine Zwischenstellung als Sekretär am Hofe und Bürgerlicher einnimmt, führt den dritten Stand an. Die Familie Miller ist nach ihren Rollen in der patriarchalischen Familienordnung aufgeführt. Bei den städtischen Unterschichten ist das Prinzip der Unterordnung der Frau durchbrochen. Aufgrund ihres persönlichen Verhältnisses zur Lady ist Sophies Stellung herausgehoben. Zudem gewinnt sie durch die Namensgebung personale Identität, während die Gerichtsdiener, Bediensteten und Kammerdiener – selbst der Kammerdiener der Szene II, 2 – in die anonyme Masse zurücktreten. In den Appositionen und Titeln werden die Funktionen und Familienbeziehungen näher bestimmt. Auffällig ist, dass Frau Miller nicht mit ihrem Namen genannt wird, ein Indiz für die Typisierung der Figur, für ihre Funktion im Drama (Sie verschwindet nach dem 2. Akt lautlos!) und in der Familie.

Auch die Schauplätze, die unregelmäßig abwechseln, sind als gesellschaftliche Orte zu bestimmen. Das Stück beginnt im Haus Millers, dem bürgerlichen Reservat, in das mit Ferdinand (I, 4) und später mit dem Präsidenten (II, 6, 7) der Adel eindringt. Mit dem Saal des Präsidenten und dem Palais der Lady Milford wird die Welt des höfischen Adels vorgestellt. Hier tauchen Bürgerliche nur als Funktionsträger (Wurm, Bedienstete) oder als **Bestellte** (Luise) auf. Der vierte Akt steht ganz im Zeichen des Hofes, der fünfte spielt ausschließlich in der Stube des Musikus, womit sich der Kreis zum Beginn des Stückes schließt. Die Exposition des gesellschaftlichen Konfliktes, die doppelte Peripetie und die Katastrophe (vgl. 5.3) sind hier angesiedelt. Damit wird das bürgerliche Haus zum Hauptschauplatz des Stückes, die Tragik ist in erster Linie eine Tragik, die in die bürgerliche Lebenswelt einbricht.

Diese Tragik ergibt sich nicht nur aus dem Ständekonflikt zwischen Adel und Bürgertum, der exemplarisch anhand der unstandesgemäßen Ehe einer Bürgerlichen mit einem Adeligen dargestellt wird. Der dritte Stand selbst gerät in Bewegung, die altständische Ordnung wird hinterfragt vom modernen, aufgeklärten Bürgertum, das neue Werte, Normen, Leitbilder und ein neues Selbstverständnis propagiert, ein Selbstverständnis, das die junge Generation des Sturm und Drang endlich einklagen will. Dieser Prozess der Entstehung des neuen Bürgertums, dessen vorläufiger Endpunkt unsere ›moderne‹ Lebenswelt ist, begann in Deutschland etwa um 1720. Die Historiker fassen dieses Phänomen der gesellschaftlichen Entwicklung im 18. Jahrhundert unter den Begriff *bürgerlicher Wandel*.[14] Mit diesem Begriff wird auch der Sturm und Drang, die begrenzte Phase der deutschen [!] Literaturgeschichte, erfasst, in der sich das Aufbäumen der jungen Dichtergeneration – historisch gesehen – wieder nur als Revolution des Kopfes und der Feder erwies.

Das Personenverzeichnis von KABALE UND LIEBE, ein Spiegel der starren ständischen Ordnung, zeigt nur den Anfangspunkt einer Entwicklung in dieser kleinen Gesellschaft. Ferdinand und Luise – und auch Lady Milford – werden zu Grenzgängern zwischen den Ständen, der Präsident, der Vertreter der höfischen Adelskultur, aber auch Miller als Repräsentant des altständischen Bürgertums, sind gezwungen sich mit dem gesellschaftlichen Umbruch und den neuen Ansprüchen auseinander zu setzen. So lässt sich SCHILLERS Drama auch lesen als ein Stück, in dem die Personen auf diesen Wandel des Bürgertums reagieren müssen, sich verändern, scheitern.

2.2.1 Miller als Repräsentant des altständischen Bürgertums

Im Personenverzeichnis ist der Berufsstand Millers etwas ausführlicher bestimmt. SCHILLER war es offenbar wichtig, auch seine Zeitgenossen über den genauen Status dieser Figur zu informieren. Die Stadtmusikanten oder Kunstpfeifer waren zünftig organisiert. Wie bei den anderen Zünften waren Ausbildung und Betätigungsfelder genau bestimmt und abgegrenzt. Miller hat offenbar die Meisterprüfung abgelegt (9, 16)[15], er hat ein festes Einkommen, denn den Stadtmusikanten war es gegen ein festgelegtes Salär vorbehalten, alle in der Stadt anfallenden musikalischen Aufgaben auszuführen. Daneben gaben die Stadtmusikanten, die meist mehrere Instrumente beherrschten, Privatunterricht.[16] Warum wählt SCHILLER diesen – nach der Erläuterung zu urteilen – auch für die Zeitgenossen ungewöhnlichen Beruf für seine Hauptfigur? Offenbar ließen sich in ihm mehrere, für ihn wichtige, z. T. widersprüchliche Merkmale bündeln: städtische Freiheit, Standesehre und kleinbürgerliche Abhängigkeit, Handwerk und Kunst, Kunst und Kommerz, altständisches Beharrungsvermögen in einem aufstrebenden Stand.

Schon beim ersten Auftritt wird die Figur mit ihrem **Handwerkszeug** (5, 9) als Symbol ihres Standes eingeführt. Miller zeigt sich selbstbewusst, auf seine Ehre bedacht (5, 97). Die Herrschaft über sein Haus überträgt ihm das Recht (und die Pflicht), den Umgang seiner Tochter mit dem adeligen **Verführer** (5, 11, 39, 42, 92) zu unterbinden. **Nehmen kann er das Mädel nicht[!]** (5, vgl. 99) Für Miller sind die Standesschranken unumstößlich. Folglich kann der junge Adelige nur unredliche Absichten haben. Deutlich grenzt sich der Bürger von der höfisch-adeligen (Sexual)moral[17] ab: **[M]it Buhlschaften dien ich nicht. Solang der Hof da noch Vorrat hat, kommt die Lieferung nicht an uns Bürgersleut'.** (45) Das bürgerliche Selbstbewusstsein (5, 7, 8, 42, 44, 45, 46) kommt aber erheblich ins Wanken, als sich der Musikus mit der Gewalt des höfischen Adels auseinander setzen muss (II, 6, 7). Die Regieanweisung (44) beschreibt seine Seelenlage: Schwankend zwischen Angst, Devotion und Wut versucht er die Rechte des Hausherrn einzuklagen. **Das ist meine Stube.** (45) **Teutsch und verständlich** will er reden und die Eindringlinge hinauswerfen (45), doch seine Ohnmacht zeigt sich überdeutlich. Er zückt das **spanische Rohr** (46), letztlich ist es aber der junge Adelige, der mit seinem Degen und mit seinem Wissen Luise schützen kann. Auch am Ende schätzt Miller die Situation falsch ein, wenn er glaubt seine Tochter vor ihrem Schicksal **bewahren** (90, 93) zu können. Immer wieder versucht er das Geschehen aktiv zu bestimmen. Doch er bleibt der Reaktive, das Objekt oder Opfer. Das ist die Tragik des Kleinbürgers Miller, der glaubt, dass alles in der Ständeordnung seinen rechtmäßigen Platz hat, und am Schluss erkennen muss, dass diese Ordnung ihm große Lasten und Opfer auferlegt.

SCHILLER zeigt keinen Bildungs- oder Großbürger, der durch seine Kompetenz oder ökonomische Stärke seinen sozialen Rang bestimmt. Aber auch bei Miller wird deutlich, dass bürgerliches Selbstbewusstsein und Kommerz eng zusammenhängen. Millers Sprache ist durchsetzt mit Begriffen aus Handel und Handwerk.[18] Auch die Beziehung seiner Tochter zu Ferdinand sowie die Vater-Kind-Beziehung deutet er unter diesem Blickwinkel (vgl. 3.2). Die erhoffte Übernahme seines Amtes durch einen Schwiegersohn (7), das **Zusammenraffen von Scholaren** (5), die Hoffnung auf den Aufstieg in das Hoforchester (39) und Millers Reaktion auf das

Gold Ferdinands zeigen, wie sehr bürgerliches Selbstbewusstsein und wirtschaftliche Stärke zusammenhängen.

Die Selbstinterpretation des altständischen Bürgertums und die an Traditionen orientierte Kultur konstituierten sich durch spezifische Wertorientierungen, eigene Ehrbegriffe, Verhaltensformen, Gruppensymbole und Bräuche, die allein durch die Überlieferung legitimiert wurden. Die Moralvorstellungen waren eingebettet in ein geschlossenes christliches Weltbild, Predigt und Glaubenskultur boten umfassende Lebensinterpretation.[19] Millers Religiosität, die in seinen ersten, eher komödiantischen Auftritten bieder und oberflächlich wirkt (**Handvoll Christentum**, 7, vgl. auch 12, 40, 45), offenbart sich in ihrer ganzen Tiefe erst im 5. Akt (86, 88, 91, 98). Von diesem Standpunkt aus bewertet er die Hofgesellschaft, sich selbst (**Gott weiß, wie ich schlechter Mann zu diesem Engel gekommen bin!**, 91), die Liebenden und die Veränderungen, die auf ihn einströmen. Er misstraut den **prächtigen Büchern**, die seine Tochter von dem jungen Major bekommt. Die **höllische Pestilenzküche der Bellatristen** (6) verbreite nur überhimmlische Alfanzereien, Teufelszeug, gaukle eine **Schlaraffenwelt** (7) vor, die das Mädchen von seiner geistigen und realen **Heimat** entfremde. Diese sich scheinbar nebensächlich im Streit mit seiner Frau ergebende Tirade ist ein Indiz für den Einbruch des kulturellen Wandels in die altständische Kultur, ein Phänomen des 18. Jahrhunderts:

> Das Ansteigen der schöngeistigen Literatur, insbesondere in den protestantischen Gebieten seit etwa 1770 auf Kosten der theologischen, zeigt, daß die säkularen Elemente, wie sie in der protestantischen Glaubenskultur angelegt waren, eine weitergehende Säkularisierung der Kulturformen und Inhalte vorbereitet hatten.[20]

Diese Literatur, auf die Miller mit Unverständnis reagiert, umfasst aber nicht nur schöngeistige Literatur, sondern auch Schriften der Aufklärung.

2.2.2 Ferdinand und Luise: Ein neues ›bürgerliches‹ Bewusstsein

Bezeichnenderweise wird Luise mit dem Attribut des Buches eingeführt. Ihr Räsonieren darüber, ob ihre Liebe gottgefällig sei, ruft – wie oben erwähnt – den Zorn des Vaters (**gottloses Lesen**, 12) hervor. Auch der Präsident meint im Lesen eine Quelle der neuen Ideen seines Sohnes erkannt zu haben (**Romanenkopfe**, 21, vgl. 51). Sein Sekretär weist auf einen zweiten Ursprung hin:

> Die Grundsätze, die er aus Akademien hieherbrachte, wollten mir gleich nicht recht einleuchten. Was sollten auch die phantastischen Träumereien von Seelengröße und persönlichem Adel an einem Hof, wo die größte Weisheit diejenige ist, im rechten Tempo, auf eine geschickte Art, groß und klein zu sein. (49)

Voller Unverständnis für das Neue, setzt er hier seine ›Maxime‹ eines Wurms gegen die Ideen von Ich-Autonomie, Eigenwert des Menschen und Gleichheit, die im Sturm und Drang radikaler hervorbrachen. Nach Koselleck waren im 18. Jahrhundert tatsächlich die Lesegesellschaften[21], die Bibliotheken, Salons und Akademien die sozialen Orte, an denen sich die bürgerliche Moral als Ideologie verbreitete. Im Prinzip verstand sich diese Ideologie als unpolitisch, das sie tragende Bildungsbürgertum war nur an der Durchsetzung der Wertansprüche der bürgerlichen Moral interessiert. Letztlich aber habe – so die These Kosellecks – diese Moraldiskussion begonnen den absolutistischen Staat und die Ständegesellschaft von innen her zu kontrollieren.[22] In diese Bewegung geriet auch der politisch entrechtete Adel, nachweisbar an den adeligen Mitgliedschaften in den Freimaurerlogen, in denen das bürgerliche Prinzip der Gleichheit galt.

Im Stück ergibt sich die merkwürdige Situation, dass der junge Adelige Ferdinand der Hauptträger dieser Ideen ist und Luise, die Bürgerliche, eingestandenermaßen (80) diese zum Großteil von ihm aufgenommen hat. Sie übt Kritik an der gesellschaftlichen Situation, ohne sie zu hinterfragen:

Dann, Mutter – dann, wenn die Schranken des Unterschieds einstürzen – wenn von uns abspringen all die verhaßten Hülsen des Standes – Menschen nur Menschen sind – Ich bringe nichts mit als meine Unschuld, aber der Vater hat ja oft gesagt, daß der Schmuck und die prächtigen Titel wohlfeil werden, wenn Gott kommt, und die Herzen im Preise steigen. Ich werde dann reich sein. Dort rechnet man Tränen für Triumphe und schöne Gedanken für Ahnen an. Ich werde dann vornehm sein. [...] (13)

Es zeigt sich hier, wie Luise die beiden Vorstellungswelten, die Ferdinands und die ihres Vaters, verbindet: Gesellschaftskritik bei gleichzeitiger Entsagung, das Ertragen des ›irdischen Jammertals‹ und Verzicht auf die Verwirklichung ihres Glücks. Aber schon im Hier und Jetzt haben die moralische Gesinnung (**Unschuld**), das wahre Gefühl (**Herz**) und der Mensch einen Wert an sich. Es ist auffällig, dass die Begriffe *Mensch, Menschlichkeit* und *menschlich* fast ausschließlich von Luise, Ferdinand und Lady Milford – bei Miller steht der Mensch noch für das triebhafte Wesen (**Mensch ist Mensch**, 12) – gebraucht werden,[23] ein Hinweis auf die historisch feststellbare Wandlung des Menschenbildes im 18. Jahrhundert:

Der Übergang von ständischer Gebundenheit und dem standesspezifischen Selbstverständnis zu einem gemeinsamen, diese neue Schicht bindenden Begriff des ›gesitteten‹ bürgerlichen Mittelstandes brachte die Spaltung von Mensch und ›Bürger‹ mit sich. Dem Angehörigen der neuen Schicht wurde [...] eine neue Identität als Individuum zuerkannt, die von ständischen Zuordnungen frei war und in der Gleichheit mit anderen ›Menschen‹ garantiert war.[24]

In der Auseinandersetzung mit Wurm (65) und beim Aufeinandertreffen mit Lady Milford vertritt Luise den Standpunkt der bürgerlichen Tugendhaftigkeit. Selbstbewusst lehnt sie das Angebot der Mätresse ab in ihren Dienst zu treten, der nach Lady Milford **der einzige ist, wo [s]ie Manieren und Welt lernen kann, der einzige ist, wo [s]ie sich ihrer bürgerlichen Vorurteile entledigen kann.** (78) Luise setzt dagegen ihre ›bürgerliche Unschuld‹ und das bürgerliche Selbstbewusstsein: **Ich will nur fragen, was Mylady bewegen könnte, mich für die Törin zu halten, die über ihre Herkunft errötet?** (79) Auch wenn sie unglücklich darüber ist, dass sie auf Ferdinand verzichten muss, so steht doch grundsätzlich hinter ihrem kurzen **Monolog** (79/80) die Auffassung, dass **das angestrebte Lebensglück nicht vom Stand, sondern von der in jeder sozialen Ordnung möglichen ›Tugend‹ abhängig**[25] ist, eine Position, die auch Ferdinand in der Auseinandersetzung mit seinem Vater vertritt (22).

Hier wie da (23) steht entsprechend der Grundthematik des Stückes die Sittlichkeit in Fragen der Sexualmoral exemplarisch für den bürgerlichen Tugendkatalog, aber auch der Fleiß, die Offenheit und Wahrhaftigkeit werden als Werte genannt: Gerade durch das Arbeitsethos, verkörpert durch den Musikus, unterschied sich der Bürgerstand von der die praktische Arbeit verachtenden Aristokratie. In beiden Szenen, in denen Lady Milford mit den Liebenden zusammentrifft, kommt es, trotz der Vorbehalte, zu einem Punkt, an dem ein offenes Gespräch möglich wird. Die Wahrhaftigkeit wird in der Frage der Unverbrüchlichkeit eines Eides deutlich (41, 44, 48, 52, 106). So wird ein wenig verständlich, dass sich Luise bis zum Tod an den erzwungenen Eid gebunden fühlt, da die Tugend einen wesentlichen Teil ihrer bürgerlichen Identität ausmacht.

2.2.3 Lady Milford, Ferdinand und Wurm:
Zwischen ›bürgerlicher‹ Tugend und aristokratisch-höfischer Stellung

Anders als ihre Stellung zunächst vermuten lässt, hat auch Lady Milford einen Begriff von **Schande, Laster** und **Tugend** (36, 37). Ihre moralische Entrüstung in der Kammerdienerszene (30), die Abgrenzung vom Hof (26) und die Betonung der Menschlichkeit ihres **Regiments** zeigen die geistige Verwandtschaft mit Luise und Ferdinand. Auch der Verzicht auf Ferdinand wird als Sieg der Tugend über den Egoismus dargestellt (82).

Andererseits zeigt sich, dass sie trotz aller Selbstkritik (35) ihrem Stand verhaftet bleibt und von diesem Standpunkt aus die gesellschaftlichen Verhältnisse bewertet. Ihre Selbstrepräsentation – der Rubin (78) – kann hier wieder als Symbol des Hofes, der Pracht und Verschwendung sowie der Ausbeutung gedeutet werden – und die herablassende Behandlung der **armen Geigerstochter** (76, vgl. 75: **Kreatur**) können als entsprechende Indizien interpretiert werden. Im Gespräch mit Ferdinand betont sie mehrfach ihre fürstliche Geburt (34, 35, 36).[26] In diesem ersten Zusammentreffen fällt die oft zitierte Absage Ferdinands an die Ständegesellschaft:

> Sie werden mich an Stand – an Geburt – an die Grundsätze meines Vaters erinnern – aber ich liebe – Meine Hoffnung steigt um so höher, je tiefer die Natur mit Konvenienzen zerfallen ist. – Mein Entschluß und das Vorurteil! – Wir wollen sehen, ob die Mode oder die Menschheit auf dem Platz bleiben wird. (38)

Auch hier führt der liebende, ›stürmende‹ Held (vgl. 5.4.2) wieder das Naturrecht, die Gleichheit der Menschen gegen die sich auf die Tradition und das Herkommen stützende gesellschaftliche Wirklichkeit ins Feld. Durch seine Tat – die Durchsetzung der Verbindung – will er diese Wirklichkeit, das Erlaubte (**Konvenienz**), durchbrechen (42). Die Festschreibung der Standesgrenzen bewertet er als **Vorurteil**, ein pejorativer Begriff im 18. Jahrhundert, den später Lady Milford umkehren wird (2.2.2). Wie oben schon erwähnt, vertritt auch Ferdinand bürgerliche Moralvorstellungen, wenn er beispielsweise seinen Vater ermahnt: **Ehrfurcht befiehlt die Tugend auch im Bettlerkleid.** (44) Auch seine Identifikation (**teutscher Jüngling**, 25) mit der Nation nimmt sich eher bürgerlich aus.

Dennoch sagt Luise in der Peripetieszene: **[D]ein Herz gehört deinem Stande.** (59) Hat sie damit Recht? Besondere Aufmerksamkeit verdient in dem Stück immer die Art und Weise, wie die Personen eingeführt werden. In der vierten Szene des ersten Aktes will Ferdinand sich nach dem Befinden seiner Geliebten erkundigen, und ohne eine rechte Antwort abzuwarten, formuliert er den Satz: **Ich schaue durch deine Seele wie durch das klare Wasser dieses Brillanten. (Er zeigt auf seinen Ring.)** (14) Deutet man den Ring als Symbol der Verbindung, während der Edelstein durchgängig auf den Adel und den Hof hinweist, so erscheint dieser Satz und diese Geste als symbolische Vorausdeutung der Feststellung Luises: Ferdinand gehört nicht nur seinem Stande, sondern er betrachtet auch das Bürgermädchen aus dieser Perspektive. Luise darauf: **[W]ie schön in dieser Sprache das bürgerliche Mädchen sich ausnimmt – […] Ich seh in die Zukunft – die Stimme des Ruhms – deine Entwürfe – dein Vater – mein Nichts.** (14 f.) Ferdinand bestreitet Luises Ahnung, man könne sie trennen:

> Wer kann den Bund zwoer Herzen lösen oder die Töne eines Akkords auseinanderreißen? – Ich bin ein Edelmann – Laß doch sehen, ob mein Adelsbrief älter ist als der Riß zum unendlichen Weltall? oder mein Wappen gültiger als die Handschrift des Himmels in Luises Augen: Dieses Weib ist für diesen Mann? – Ich bin des Präsidenten Sohn. Ebendarum. (15).

Eine genaue Interpretation hat zu fragen, woher Ferdinand sein Selbstbewusstsein nimmt die Liebe höher zu stellen als die gesellschaftlichen Verhältnisse, auch unter Verzicht auf seine aristokratischen Privilegien und der Abkehr von der Tradition seiner Familie: eben aus seiner gesellschaftlichen Stellung selbst. Er will etwas negieren und merkt nicht, dass er damit die Grundlagen seines Selbstverständnisses untergräbt. Deutlich wird dies auch daran, wie sich Ferdinand bei der ersten Begegnung mit Lady Milford darstellt: als ein Mann von Standes- und Offiziersehre und als ein **Kavalier** (32), d. h. als ein junger Aristokrat, der auf seiner ›Cavalierstour‹ gelernt hat, durch seine ›Manieren‹ zu repräsentieren, der ›von conduite‹ ist.[27] Der Begriff der **Ehre** (23, 24, 32, 33, 34) – auch das Duell gehört in die adelige Welt (70 f.) –, die Symbole des Wappens und des Degens (33, vgl. 25) spielen eine größere Rolle, als er Luise und sich eingestehen mag. Zu beobachten ist dieser Widerspruch in der Verhaftungsszene (II, 6): Obwohl er sich von seinem adeligen Geschlecht losgesagt hat (44) und den Degen zur Rettung Luises niederlegen will (47), hat dies doch keine Folgen: Ferdinand bleibt Aristokrat, Offizier und der Sohn des Präsidenten. Trotz aller Bekenntnisse zur neuen bürgerlichen Moral ist sein Denken und Handeln noch weit gehend von seiner gesellschaftlichen Stellung bestimmt.

Wie Wurm aus der Kombination von Herkunft und Stellung ein Wanderer zwischen den Welten ist, so ist auch seine Haltung gegenüber der bürgerlichen Moral zwiespältig. Im Gegensatz zur ›höfischen‹ Auffassung von der Ehe **mache [er] hier [!] gern den Bürgersmann [...]** (17) und will in Luise eine **fromme christliche Frau** (8) haben. Er habe ernsthafte Absichten, gibt er vor, und grenzt sich damit deutlich von einem **adeligen Windbeutel** (9) ab. Gegenüber Miller gibt er sich als ein **Mann von Wort** (9), trotzdem gelten ihm Eide nichts. Darin ist er sich mit dem Präsidenten einig (52). Die ganze Verachtung, die SCHILLER dem intriganten Kriecher, dem eigentlichen Initiator der Kabale, zuteil werden lässt, drückt sich in der Namensgebung aus: der Wurm ist für ihn die niedrigste Kreatur.[28]

2.2.4 Höfische Amoral und ›bürgerlicher Wandel‹

Vor dem Hintergrund der sich seit der Aufklärung nach und nach durchsetzenden bürgerlichen Moral heben sich die ›ethischen Grundsätze‹ des (Hof)adels im privaten und öffentlichen Raum besonders ab. Auf die politische Moral soll im Zusammenhang mit der Kabale noch näher eingegangen werden. Im privaten Bereich tritt der Kontrast[29] – wie oben erwähnt – besonders bei der Bewertung von Ehe und Sexualmoral hervor. Die Äußerungen des Präsidenten zu Ehe und Keuschheit (17, 23) sowie die Umdeutung von **Gefühl, Geschmack** und **Glück** zu einem eigenwilligen Tugendkatalog (16) können hier exemplarisch für die Einstellung eines Standes stehen. Der Dualismus von ehelicher, ›keuscher‹, und außerehelicher, erotischer Liebe ist ein Kennzeichen der französisch-höfischen Kultur. Im Grunde wurden Ehe, als ›vernünftige‹ (23) ökonomische Verbindung, und Liebe, als erotisch-sexuelle Beziehung, für unvereinbar gehalten. Diese hedonistisch-ästhetische Auffassung von Liebe war aber nur aufgrund der wirtschaftlichen Privilegiertheit des Adels möglich.[30] Sofern er Staatsämter übernahm, konnte er die Bezeichnung als *erster Stand im Staate* rechtfertigen. SCHILLER stattet den Präsidenten allerdings mit einem ›machiavellistischen‹ Zug, die Macht als Selbstzweck zu begreifen, aus, allenfalls gemildert durch die **Standesehre** und die Bindung an das Adelsgeschlecht (21, 22). Insgesamt erscheint auch in *KABALE UND LIEBE* der Hof als ein relativ geschlossener sozialer Raum, der geprägt ist durch Rivalitäts- und Machtkämpfe, zeremonielle Kultur und ritualisierte Sozialformen. Diese französisch-höfische Kultur hatte keine Beziehung zur deutschsprachigen bürgerlichen Kultur.[31]

In diesen geschlossenen Raum dringt nun die ›stille Revolution‹ des Bürgertums, verkörpert durch die Figur des Ferdinand, der das alles nicht mehr mitmacht und den unausgesprochenen Konsens der Hofgesellschaft bricht, andererseits aber an seinen Stand gebunden bleibt. Die Stellung des Präsidenten und des aufgestiegenen Bürgers ist bedroht. Luise übernimmt im Umgang mit Ferdinand Positionen der radikalisierten Aufklärung (vgl. 5.4), die die Lebenswirklichkeit der adeligen und bürgerlichen Zivilisation in Frage stellt,[32] und gerät dabei aber auch in einen (inneren) Konflikt mit ihrem Vater, dem Vertreter des altständischen Bürgertums. Die Millerin glaubt durch Übernahme von Formen und Sprache der höfischen Gesellschaft sowie durch ihre Heiratspolitik die Enge ihres Standes überwinden zu können, gewinnt aber keine neue Identität. Der Wandel der gesellschaftlichen Wirklichkeit bleibt somit im Stück eine Utopie, der Begriff des **Traums** (13, 14, 15, 42) ist ein Hinweis auf diesen Umstand. Ein weiterer Hinweis findet sich in den Fluchtplänen der Opfer: Selbstmord (**Eine Gesellschaft räumen, wo ich nicht wohl gelitten bin,** 88), Verzicht und Rückzug auf sich selbst (13), entlegene, wilde Wüsten (28, 58, 84), Vagabundieren als arme Musiker (91) – die Ziele repräsentieren den gesellschaftsfreien Raum, in dem man glaubt die Freiheit zu finden, allerdings um den Preis des sozialen Abstiegs, der Unsicherheit und Heimatlosigkeit. SCHILLER hat dies am eigenen Leib erfahren.

2.3 Familie, Gattenwahl und Generationskonflikt

Der dritte Konfliktbereich des Dramas ist die Familie, die natürlich als soziales Gebilde wiederum den zeitgenössischen politischen und sozialen Bedingungen und Wandlungen unterworfen ist. Die Sozialwissenschaften haben sich eingehend mit dem Wandel der Familienstruktur vom *ganzen Haus* zur *Haushalts-* bzw. *bürgerlichen Kleinfamilie* befasst, der sich endgültig mit der Industrialisierung vollzieht, aber in den Städten schon im 18. Jahrhundert zu beobachten ist.[33] Das Aufkommen der neuen Familienform ist eine Folge des Wandels der politischen und ökonomischen Strukturen, die die Trennung von Arbeits- und Wohnbereich für breite kleinbürgerliche Schichten (Angestellte, Lohnarbeiter, Beamte etc.) mit sich brachte. SCHILLER zeigt eine solche kleinbürgerliche Familie, die nicht als zufälliges Ergebnis der dramaturgischen Begrenzung der Personenzahl, sondern als geplante Familiengröße (96) anzusehen ist. Der Musikus arbeitet meistens außer Haus. Von der *Oikoswirtschaft* des eigentlich zünftigen Handwerkers trennt ihn, dass weder Gesinde noch Gesellen und Lehrlinge in seinem ›Haus‹ wohnen und keine Familienmitglieder in die Produktion und den Unterhalt eingebunden sind. Trotzdem ist er noch dem altständischen Denken verhaftet, wenn er von seinem **Haus (Mein Haus wird verrufen,** 5, 92) spricht – die Bezeichnung **Stube** (7, 45) deutet dagegen eher auf eine bescheidene Wohnung hin, während Wurm schon den mit dem Wandel aufkommenden Begriff **Familie** gebraucht (51 f.).

Miller bezeichnet sich als **Herr im Haus** (5), was deutlich zeigt, dass das Patriarchat trotz des Funktionsverlustes mit dem Wegfall der ›Hauswirtschaft‹ den Schritt zur Kleinfamilie überstanden hat. Erkennbar ist dies auch am Verhalten Millers gegenüber seiner Frau, die sich trotz eigener Heiratspolitik und der offenbaren rechtlichen Absicherung ihrer Stellung (**Konsens,** 10) ihm unterordnet. Dass andererseits aber auch die Rolle des Vaters in der bürgerlichen Familie einem Wandel unterworfen ist, zeigt seine Stellung bei der Gattenwahl der Tochter. **Ich zwinge meine Tochter nicht** (9), gibt Miller Wurm zur Antwort, als dieser über einen **Ehevertrag** mit dem Vater die Verbindung mit Luise bewerkstelligen will. Gegen diesen **altmodischen Kanal** (10) setzt er die Liebesheirat und erkennt damit prinzipiell die Freiheit der Gattenwahl an. Die sozialen Regeln der Familiengründung sind dennoch nicht außer Kraft gesetzt, sie werden in der Zeit der Aufklärung nur durch eine Flut von Vorschriften und Ratschlägen neu formuliert. *Tugendhaftigkeit* und *Vernünftigkeit* bei der Partnerwahl begrenzen die Ich-Autonomie und die ›sexuelle Freiheit‹. Eine außereheliche Beziehung mit einem **adligen Windbeutel** (9) ist undenkbar; unvernünftig erscheint der Ehewunsch, wenn er die Standesgrenzen überschreitet. Entsprechend reagiert Miller auf die Äußerung Luises, dass Ferdinand ihr sei, und zwar ihr geschaffen zur Freude **vom Vater der Liebenden** (13): [I]**ch kann dir ihn nimmer geben.** (13) Es kommt in dieser Situation, wie es zunächst scheint, nicht zum Generationskonflikt. Von Beginn an erscheint Luise als die Entsagende, die sowohl die väterliche Autorität (Anrede in der dritten Person) als auch letztlich die sozialen Regeln anerkennt.

Die Unterordnung ist natürlich auch im Zusammenhang mit der starken emotionalen Bindung zwischen Miller und seiner Tochter zu sehen (vgl. 4.1). Hier sollen nur die sozialgeschichtlichen Grundlagen dieser Bindung kurz aufgezeigt werden, die man im Wesentlichen in dem Stichwort *Privatisierung der Familie* zusammenfassen könnte.[34] Die ›Privatisierung‹ ist eine Auswirkung der Trennung von Arbeits- und Familienleben. Während der Vater die Privatheit und regenerative Funktion der Familie sucht, kann sich die Mutter, entlastet von den wirtschaftlichen Aufgaben des *ganzen Hauses,* ganz auf die Haushaltsführung und Kindererziehung konzentrieren. Die moralisch-pädagogische Literatur des 18. Jahrhunderts zeigt, dass die bürgerliche Erziehung erst jetzt als eigenes Problem in den Blick gerät, während sie jahrhundertelang als Nebenprodukt der Einführung in die Arbeitswelt erscheint. Dagegen gibt die Kleinfamilie die Möglichkeit des intensiveren Beziehungsgeflechts. Zusammengenommen führten diese neuen Bedingungen zu einer Intimisierung der Familie und zur emotionalen Aufladung der Eltern-Kind-Beziehung.

Von dieser Privatheit ist in der adeligen Familie wenig zu spüren, die Beziehung ist weit gehend versachlicht. Heftiger entbrennt auch der Generationskonflikt in der Familie von Walter, die im eigentlichen Sinne durch die Patrilinearität, d. h. durch die Dominanz der Vater-Sohn-Beziehung, geprägt ist. Mehr noch als in der bürgerlichen Kleinfamilie ist hier die Freiheit des Individuums eingebunden in das Standesdenken und in die Verpflichtungen gegenüber dem Geschlecht, dem Wappen. Selbst Verbrechen erscheinen vor diesem Hintergrund – so die Selbstrechtfertigung des Präsidenten – (21, vgl. 18, 108) legitim. Wie oben aufgezeigt, räumt die höfische Moral dem jungen Adeligen zwar ein Höchstmaß an ›sexueller Freiheit‹ ein, die Gattenwahl wird aber restriktiv durch die Familienpolitik bestimmt: **Zwingen muß man dich, dein Glück zu erkennen.** (22) Glück, das heißt für den Präsidenten Einfluss und Macht. In ihren Dienst muss auch die Heiratspolitik gestellt werden. Als die Wahl des Vaters auf die Mätresse des Herzogs fällt, kann Ferdinand noch seine Ehre als Adeliger ins Feld führen. Der vorgetäuschte zweite Vorschlag (24) des Präsidenten deckt aber den grundsätzlichen Konflikt auf: Ferdinand lehnt die untadelige Partie ab und proklamiert für sich das Recht der Liebesheirat, die Autonomie der Partnerwahl. Diese ist aber in der ersten Konfliktszene (I, 7) nicht durchsetzbar, weil Luise eine Bürgerliche ist. Ferdinand beugt sich zunächst dem Vaterwillen. Der Generationskonflikt steigert sich jedoch im Laufe des Stückes. Der generelle Unterschied zu dem Verhältnis Millers und Luises ist der der mangelnden moralischen Integrität des Präsidenten, die seine Autorität als Vater unterminiert: **Feierlich entsag ich hier einem Erbe, das mich nur an einen abscheulichen Vater erinnert.** (22) Ferdinand führt zwar den **Befehl** und **Auftrag** seines Vaters aus (32), indem er sich zu Lady Milford begibt, doch letztlich verzichtet er nicht auf Luise. Er setzt seine Liebe gegen das **Vaterrecht** (42). In der Auseinandersetzung um die Verhaftung der Familie Miller kündigt er dieses Vaterrecht gänzlich auf (**Der Schuldbrief der kindlichen Pflicht liegt zerrissen da,** 44), im weiteren Verlauf auch die kindliche Liebe: **Es gibt eine Gegend in meinem Herzen, worin das Wort Vater noch nie gehört worden ist – Dringen Sie nicht in diese.** (45) Der Höhepunkt dieses Konfliktes ist die offene Erpressung, das Verbrechen des Vaters aufzudecken. Der Präsident muss sich in der ersten Runde geschlagen geben. Um so härter trifft die Kabale, die im folgenden Kapitel betrachtet werden soll, Ferdinand. Dass der Vater seinen Sohn zum Opfer der Kabale macht, lässt wiederum Rückschlüsse auf die adelige Familie zu.

3 Thema ›Kabale‹: Gewalt und Intrige als Machtmittel des dekadenten Hofes

Das Wort *Kabale* stammt ursprünglich aus dem Neuhebräischen (quabbala) und bedeutet soviel wie *Überlieferung* oder *Geheimlehre*. Mit pejorativer Konnotation gelangte dann das Wort über das Französische (cabale = Tücke, Ränke) im 17. Jahrhundert in den deutschen Sprachgebrauch, in dem es meist als Synonym zu *Intrige* verwendet wird (Adelung, Grimm). Wie oben aufgezeigt, wurde der Begriff auf Vorschlag des Schauspielers Iffland in den Titel aufgenommen. Im Text selbst kommt das Wort dreimal vor (28, 42, 49). SCHILLER hat im Drama die Kabale eindeutig dem Hof und der höfischen Moral zugeordnet. Sie soll hier analog zu der direkten Gewaltanwendung als Machtmittel des Hofes interpretiert und nach den Kriterien Recht und Unrecht, Wahrhaftigkeit und Lüge bewertet werden.

3.1 Der erste Versuch der direkten Gewaltanwendung

Die eigentliche Kabale Wurms hat eine längere Vorgeschichte, in der der Präsident mit direkter Gewalt eine Verbindung der Liebenden verhindern will. Aber schon dieser erste Versuch, der im Dramenaufbau den ersten Höhepunkt aufwirft, wird ausgelöst durch den Sekretär. Wurm hat in der zweiten Szene des ersten Aktes die Gewissheit bekommen, dass eine Verbindung zwischen Luise und Ferdinand besteht. Da er selbst um Luise wirbt und seinen Konkurrenten ausschalten will, trägt er diese Information weiter. Das ist sein persönliches Motiv. Ob er grundsätzlich damit auch den ständischen Aufbau der Gesellschaft verteidigen will (9), muss offen bleiben. Wurm berichtet dem Präsidenten, was er bei Miller erfahren hat (I, 5). Der Präsident tut die Liebe Ferdinands als Affäre ab und wertet die Gewitztheit, eine Bürgerliche zu verführen, als Vorzug: **Spiegelt er der Närrin solide Absichten vor? Noch besser – so seh ich, daß er Witz genug hat, in seinen Beutel zu lügen. Er kann Präsident werden.** (16) Das Motiv des Betruges und der Lüge wird damit in der Exposition eingeführt und gleichzeitig seine politische Funktion aufgezeigt: **Eben jetzt liegt der Anschlag im Kabinett, daß, auf die Ankunft der Herzogin, Lady Milford zum Schein den Abschied erhalten und, den Betrug vollkommen zu machen, eine Verbindung eingehen soll.** (17) Um die eigene Macht und die des Geschlechtes zu sichern soll Ferdinand Lady Milford, die eine Schlüsselposition am Hofe einnimmt, heiraten. Das ist das persönliche Motiv des Präsidenten. Dem Leser bzw. Zuschauer wird schon in der vierten Szene des ersten Aktes klar (15), dass Ferdinand auch gegen den Widerstand seines Vaters eine Verbindung mit Luise durchsetzen will. Der Präsident will an der Reaktion seines Sohnes auf die geplante Heirat prüfen, wie ernsthaft seine Beziehung zu Luise ist. Wurm gibt zu bedenken, dass eine Verweigerung auch auf die Ablehnung der Mätresse zurückzuführen ist. Sein Vorschlag, zur Probe eine **untadelige Partie** vorzuschlagen, ist als erste kleine Kabale des Stückes anzusehen. Ihre Durchführung in der siebten Szene des ersten Aktes zeigt, wie verwundbar Ferdinand gegenüber der Intrige ist, und bereitet somit psychologisch die eigentliche Kabale vor.

Wir müssen doch der Voreiligkeit ihres Vaters zum Opfer werden (38), sagt Lady Milford nach dem Gespräch mit Ferdinand, in dem dieser ihr seine Liebe zu Luise gestanden hat. Sie ahnt nicht, dass die Ankündigung der Hochzeit durch den Hofmarschall ein Teil des Plans des Präsidenten ist, mit dem er seinen Sohn unter Druck zu setzen versucht (20). Für diesen gibt es jedoch nach seinem Geständnis kein Zurück mehr. Andererseits muss auch die Lady, will sie nicht ihr Gesicht verlieren, handeln: **Ich laß alle Minen sprengen.** (39) Das gewaltsame Eindringen des Präsidenten in das Haus des Bürgers ist nur in die Logik des Handlungsstranges einzuordnen, wenn die Milford dem Präsidenten eine Mitteilung über das Gespräch mit seinem Sohn gemacht hat. Der Zweck der Aktion bleibt aber diffus: **Wenn das Mädchen beschimpft wird, muß er, als Offizier, zurücktreten.** (49) So äußert sich der Präsident im Nachhinein über seinen Plan. Was ist aber damit gewonnen? Vielleicht soll Ferdinand nach Aufgabe der militärischen Laufbahn nichts anderes übrig bleiben als seine politische Karriere über die Verbindung mit Lady Milford aufzunehmen. Eine Heirat durch Diffamierung Luises zu verhindern erscheint wenig sinnvoll, da diese ohnehin nicht gesellschaftsfähig ist. Auf der Ebene der Gesamtintention des Dramas machen die letzten beiden Szenen aber durchaus einen Sinn. Sie zeigen, wie ein aristokratischer Vertreter des absolutistischen Staates die staatliche Gewalt zu seinen persönlichen Zwecken missbraucht.

Die Auseinandersetzung im Hause Miller durchläuft fünf Phasen, in denen sich die Handlung von der verbalen Konfrontation zur offenen Gewaltanwendung steigert. Das plötzliche Auftreten des Präsidenten löst allseitig Schrecken aus. Er beginnt, unterbrochen durch die Einwürfe seines Sohnes, mit dem Verhör der bürgerlichen Familie: Feststellung der ›Personalien‹, Sammeln der Angaben über die Dauer der Bekanntschaft sowie der rechtlich relevanten Zusagen seines Sohnes. Gegen diese ›Inquisition‹ kennzeichnet Ferdinand schon mit seiner ersten Äußerung das Haus Millers als den Raum der **Unschuld** (43) und Rechtschaffenheit.

Um den oben genannten Zweck zu erreichen vollzieht der Präsident den nächsten Schritt zur Provokation (44; 10). Er beschimpft Luise als Hure, Miller als Kuppler. Obwohl er seinen Sohn treffen will, wendet er sich gegen die bürgerliche Familie. Ferdinand will seinen Degen ziehen, doch zögert er, weil dies ein Akt des ›Widerstandes gegen die Staatsgewalt‹ bedeutet hätte.

Mit der Provokation trifft der Präsident aber auch Miller, dessen Reaktion, die Androhung, den Präsidenten aus seinem Haus zu werfen, offenbar unerwartet ist. Der berechnende Politiker verliert seine Fassung (**vor Wut blaß**, 45; 18, vgl. 49), die Konfrontation nimmt eine ungeplante, aber aufschlussreiche Wendung.

Der Präsident lässt Gerichtsdiener holen: Den Vater will er ins Zuchthaus werfen lassen, die Millerin und Luise sollen an den Pranger. Er will **Genugtuung** und **Rache** für die Beschimpfung, er will seinen Hass an dem Untergang der Familie stillen (45). In seinem Ausbruch entgleitet ihm ein Satz, der Rückschlüsse auf das Rechtsempfinden des Adeligen zulässt: **Die Gerechtigkeit soll meiner Wut die Arme borgen.** (45) Der Amtsmissbrauch ist offenkundig. Die Gewalt kann das Recht schützen und ausführen, aber auch brechen. Der Präsident hat die Macht, Miller nicht zum Herzog vorzulassen. Im Turm ist das Recht nicht mehr einklagbar. Hier gilt auch ein Leben nichts.

Die offene Gewaltanwendung beginnt mit dem Eintreffen der Gerichtsdiener. Der Szenenwechsel setzt die Zäsur. In dieser kurzen Phase gerät Miller mit dem Präsidenten aneinander. Er ergreift seinen Spazierstock, die ›Waffe‹ des Bürgers – das Tragen des Degens war dem Adel vorbehalten –, doch zu seinem Einsatz kommt es nicht, da Ferdinand eingreift. In dieser Phase führt SCHILLER auch den Amtsmissbrauch, die Rechtsbeugung als Handlungsakt vor. Der Präsident zeigt seinen Orden als Symbol der Staatsgewalt, er tritt damit nicht mehr als Privatmann auf, doch **im Namen des Herzogs** (46) führt er nur seine Privatfehde.

Auch Ferdinand setzt jetzt offene Gewalt ein. Er kämpft aber mit dem Degen in der Scheide gegen die Gerichtsdiener, die um ihre Stellung fürchten müssen. Zuletzt zieht Ferdinand jedoch blank und bricht damit geltendes Recht. Zu seiner Rechtfertigung beruft er sich auf die Gerechtigkeit, die er offenbar über das positive Recht stellt. Damit steht seine Auffassung von der ›Gerechtigkeit‹ ganz im Gegensatz zu der seines Vaters: Hier die Idee von Menschen- und Bürgerrecht sowie natürlichem Rechtsempfinden, dort das biegsame gesetzte Recht und seine willfährigen Ausführungsorgane. Gegen den Vater und Präsidenten will Ferdinand jedoch keine Gewalt anwenden. Lieber will er selbst Opfer des Rechtsbruchs werden, mit an den Pranger gehen, seine Stellung als Offizier aufgeben. Aber auch vor der Ankündigung Ferdinands, Luise notfalls zu töten, weicht der Präsident nicht zurück. Als letzte Möglichkeit, Luise vor dem Pranger zu retten, sieht der junge Walter nur die Drohung die Verbrechen des Vaters aufzudecken. Selbstliebe, die Angst vor Machtverlust und Strafverfolgung bringen den

Vater dazu, nachzugeben. Die Erpressung ist das letzte Druckmittel Ferdinands, doch von der Wertigkeit dieser Mittel wird noch zu sprechen sein.

3.2 Die eigentliche Kabale Wurms

Er ist zu jung und zu feurig, um Geschmack am langsamen krummen Gang der Kabale zu finden (49), so Wurm in der Einschätzung seines Kontrahenten. Wurm ist ganz das Gegenteil. Die Rolle des Intriganten scheint ihm auf den Leib geschrieben, die Namensgebung korrespondiert auch hier wieder mit der Funktion (**langsamen krummen Gang**) der Person. Der Wurm stellt für SCHILLER nicht nur das niedrigste Lebewesen dar[35], er bietet auch die Möglichkeit vielfältiger bildlicher Anspielungen. Er frisst sich in die Frucht hinein, zerstört und verdirbt. So will der Sekretär am Feuer der Leidenschaft den **Wurm** der Eifersucht ausbrüten lassen, der dann jene selbst **zerfrißt** (50). Die Kabale scheint auch für ihn Lustgewinn (**Geschmack**) zu bedeuten. So wird hier auch die Beziehung der Kabale zum Spiel (**Piquet, Karten, Partie,** 50 f.) hergestellt.

Diese erste Szene des dritten Aktes, in der Wurm seine Intrige entwickelt oder darlegt, gibt nicht nur einen Einblick in den Charakter Wurms, es wird auch der Prinzipienstreit aus der Sicht des Hofes vorgetragen, der uns wieder auf die Schlüsselbegriffe Recht und Unrecht, Wahrhaftigkeit, Offenheit und Lüge zurückführt. Die Kritik des Sekretärs richtet sich gegen die Unbedachtsamkeit des Präsidenten, mit der er den ersten Versuch der Trennung des Liebespaares unternommen hat. Er malt ihm aus, dass Ferdinand seine Sohnespflichten **rechtmäßig** abschütteln und die Verbrechen des Vaters verraten könnte: **Ja, schon allein die seltsame Phantasie, der Gerechtigkeit ein so merkwürdiges Opfer zu bringen, könnte Reiz genug für ihn haben, selbst seinen Vater zu stürzen.** (50) Wurm verrät mit dieser Formulierung, wie wenig er von einem natürlichen Rechtsempfinden geprägt ist.

Wie die Kabale in aller Stille (53), verborgen vor der Öffentlichkeit, durchgeführt werden muss, so kann sich auch die Einzelperson nicht ungeschützt offenbaren in der von Intrigen und Misstrauen vergifteten Atmosphäre des Hofes. Bezeichnend ist die Reaktion des Präsidenten auf die Floskel Wurms, dass er sich **freimütig** äußern wolle: **Wie ein Verdammter zum Mitverdammten.** (50) Nur die Interessengleichheit und die gegenseitige Erpressbarkeit machen diese doppelzüngige Offenheit möglich, eine Pervertierung dieser eigentlich positiven Verhaltensform und Charaktereigenschaft: **Ich besinne mich, mit welcher Offenheit Sie Ihren Vorgänger damals zu einer Partie Piquet beredeten [...], und das war doch die nämliche Nacht, wo die große Mine losgehen und den guten Mann in die Luft blasen sollte.** (50) Die Verben geben einen Hinweis darauf, welche Mittel die Intrige

zur Verfügung stellt: bereden, zeigen, (vor)spielen, Spaltungen stiften, verdächtig machen, mit List umspinnen, in die Klemme treiben etc. (50 f.)
Wie das obige Zitat gezeigt hat, setzt Wurms Plan bei der Eifersucht Ferdinands an. In dieser Hinsicht ist er ganz Psychologe. Die Eifersucht soll die Liebe zerstören, das Paar auseinander treiben. Luise soll gezwungen werden einen Liebesbrief an eine dritte Person, den Hofmarschall – so der Vorschlag des Präsidenten –, zu schreiben. Um Luise dazu zu zwingen, muss die Gewalt der Intrige zu Hilfe kommen. Wurm setzt die Liebe zu ihrem Vater voraus. Wenn dieser verhaftet wird, ist sie erpressbar. Über den Hofmarschall soll der Brief Ferdinand zugespielt und damit die Wirkung ausgelöst werden. Luise soll sich – so die Hoffnung Wurms –, von Ferdinand verlassen und desavouiert, in seine Arme werfen, während Ferdinand in eine Ehe mit Lady Milford einwilligt. Der Schwachpunkt des Plans und der dramatischen Konstruktion ist die Annahme, dass Luise durch einen Eid zur Verschwiegenheit gezwungen werden kann. Auch wenn man Wurms Vertrautheit mit der bürgerlichen Moral annimmt, erscheint dies doch ziemlich unwahrscheinlich.

Die Ausführung der Kabale beginnt mit der folgenden Szene (III, 2), in der der Präsident den Hofmarschall dazu bringt, den Geliebten Luises zu spielen. Die Angst vor der Entdeckung der gemeinsamen Verbrechen und die Eifersucht auf einen Rivalen, der – eine Vorspiegelung des Präsidenten – anstelle von Ferdinand Lady Milford heiraten und zu Macht gelangen werde, machen den Hofmarschall gefügig. Inzwischen lässt Wurm die Eltern Luises verhaften und meldet dies dem Präsidenten (III, 3). Er hat damit den eigentlichen Anschlag auf Luise vorbereitet, den er in der sechsten Szene des dritten Aktes ausführt. Ohne Wurm im Raum zu bemerken spürt sie das Böse nahen und bestätigt damit die Vergleiche Wurms mit dem Satan (52, 66, 67, 109). Sie kann ihn nur bedauern: **Du treibst ein trauriges Handwerk, wobei du ohnmöglich selig werden kannst.** (62) Im Grunde durchschaut sie die Konstruktion der Kabale, die Lüge, dass der Vater Wurm geschickt habe, dass seine Verhaftung im Namen des Herzogs geschehen sei: **eine vollkommene Büberei** (62, 64). Als sie erfährt, dass dem Vater der **Kriminalprozeß** droht, will sie selbst zum Herzog. Wurm kann dies nur abwenden, indem er vorgibt, sie werde sich dem Herzog hingeben müssen um ihr Recht zu bekommen. Wieder setzt er hier die bürgerliche Moral als Druckmittel ein und hat Erfolg. Luise schreibt zuletzt den von Wurm diktierten Brief. Erst nach und nach erfährt sie genau, was Wurm plant und an wen der Brief gerichtet ist. Zuletzt fordert der Sekretär noch den Eid, dessen Ablegung SCHILLER jedoch – vielleicht die Schwachstelle seiner dramatischen Konstruktion erkennend – nicht auf die Bühne bringt. Der vierte Akt führt vor, wie die Kabale zunächst plangemäß ihre Wirkung zeigt. Bezeichnenderweise sitzen der Präsident und der Hofmarschall, den der Major zur Rede stellen will, beim Kartenspiel (68). Der Brief, der Ferdinand zugespielt wurde und den er nun in der Hand hält, ist nicht nur Requisit, sondern auch gleichsam Symbol fixierter Kommunikation. Vier Briefe werden im Drama geschrieben, von denen die Lady Milfords (84) und Luises (87) Beispiele offener und privatester Verständigung darstellen, der obige ein Beispiel manipulativer, uneigentlicher Kommunikation ist. Ferdinands Monolog bleibt unverständlich, wenn man sich diesen Brief nicht noch einmal vergegenwärtigt. Er zeigt auch, wie geschickt der Brief die Situationen umgedeutet hat. Dennoch hätte die Kabale schon hier in der dritten Szene zu Ende sein können. Der Hofmarschall verrät, bedroht durch die Gewaltanwendung Ferdinands, die Kabale: **Sie sind ja betrogen** [...] **Ich sah sie nie. Ich kenne sie nicht.** (72) Der Hofmarschall sagt die Wahrheit, doch diese ist in der Welt der Intrige und der Lüge nicht mehr von der Unwahrheit zu unterscheiden. Es ist nicht nur die Verblendung Ferdinands, sondern auch die Umgebung des Hofes, die die Wahrheit nicht durchdringen lässt.

Das größte Beispiel der Verstellung liefert aber der Präsident selbst. Wie ihm Wurm angeraten hat, spielt er Ferdinand den **zärtlichen Vater** vor, heuchelt Reue, wünscht Abbitte für die Erniedrigung Luises: **Ich widerrufe meinen übereilten Verdacht. Sie hat meine Achtung erworben [...] Ich rechne ihre Tugend für Ahnen und ihre Schönheit für Gold. Meine Grundsätze weichen deiner Liebe – Sie sei dein!** (74) Voller Falschheit gibt er vor, er halte sie für ein **edles, ein liebes Mädchen.** Er lügt und trifft in seinem Urteil doch die Wahrheit. Ferdinand dagegen spricht Wahrheit und erkennt sie doch nicht: **Heuchelei ohne Beispiel** (74). Letztendlich ist die Kabale bei aller Gerissenheit und Skrupellosigkeit doch zum Scheitern verurteilt. Lady Milford, deren Verheiratung der Ausgangspunkt aller Überlegungen war, verlässt den Hof, da sie die Liebe Ferdinands nicht gewinnen kann, und macht damit alle politischen Pläne zunichte. Eine doppelte Nichtigkeit erfährt die Intrige durch die ›Kabale‹ Ferdinands. Mit dem Vorhaben des Mordes und des Selbstmordes ist auch das Motiv der Machterhaltung der Familie von Walter am Hofe völlig hinfällig.

3.3 Die Intrige der Lady Milford

Bei dem ersten Auftritt der Lady fragt ihre Zofe: **Wie lang ist es denn aber, daß ich Ihnen diene, Mylady? Lady: Weil du erst heute mit mir bekannt wirst?** (27) Verstellung und Offenheit kennzeichnen auch diese janusköpfige Figur des Dramas, die sich erst nach Jahren ihrer Kammerzofe anvertraut, dann aber ihre geheimsten Gedanken preisgibt: **O laß mich deine Zunge mit meinem Zutrauen binden – höre noch mehr – höre alles.** (28)

Sie verachtet den Hof, ihre Liebe für den Herzog ist vorgespielt, ihr Herz gehört einem anderen und diesen will sie jetzt für sich gewinnen: **Die Verbindung mit dem Major – Du und die Welt stehen im Wahn, sie sei eine Hofkabale** […], **sie ist das Werk – meiner Liebe.** (28) Diese merkwürdige Charakterzeichnung von Liebe und Intrige, Ehrlichkeit und Ehrgeiz ist oft zum Gegenstand der Literaturkritik geworden: Die inkompatiblen Momente Edelmut und Skrupellosigkeit seien hier zu einer Figur zusammengezwungen worden.[36] Dieser Vorwurf ist kaum auszuräumen, da auch noch ein **weinerlicher Bericht über eine verarmte Ausländerin**[37] herhalten muss um den Eintritt dieser stolzen Britin in den Moloch des Hofes verständlich zu machen. Dennoch: SCHILLER zeigt mit dieser Figur auch ein gesellschaftlich bestimmtes Individuum, das gar nicht auf die Idee kommt, sich anderer als der in dieser Hofgesellschaft gültigen Regeln zu bedienen, um sich selbst und ihre Liebe zu verwirklichen. Amoral rechtfertigt Amoral: **Belogene Lügner!** (29)

Im Gespräch mit der Lady (II, 3) ist es Ferdinand, der als Erster zum Ton der Vertrautheit und der offenen Zuwendung findet. Ohne Zeugen will er sein **geheimstes Gefühl nicht zurückhalten** (33) und das Innerste, die Widersprüchlichkeit der Favoritin des Herzogs ergründen. Doch nach Ferdinands Geständnis seiner Liebe zu Luise vollzieht die Lady eine Wendung, die um so unverständlicher ist, als der Zweck ihrer Intrige nicht mehr zu erreichen ist: Die gewaltsame Durchsetzung ihres Planes soll nur ihr verletztes Ehrgefühl und ihre Leidenschaft stillen.

Nach dem Scheitern des ersten gewaltsamen Streiches schlägt ihr Gewissen ([W]ie eine Verbrecherin zittere ich, die Glückliche zu sehen …, 75), dennoch verfolgt sie ihren Plan weiter. Sie bestellt Luise zu sich, möchte sie durch die Pracht des Hofes beeindrucken und mit dem Angebot einer Stelle bestechen, doch Luise durchschaut beides: **Ich bin offenherzig, gnädige Frau – Würde Sie mein Anblick ergötzen, wenn Sie einem Vergnügen entgegengingen.** (78) Die Lady ebenso offen: **Unerträglich, daß sie recht hat!** (79) Über den Inhalt, die Gegenüberstellung ihrer gesellschaftlichen Standpunkte, gelangen sie zum eigentlichen Gegenstand ihres Gesprächs, der Definition ihrer Beziehung: Wir sind Konkurrentinnen, wir lieben denselben Mann. Dies ausgesprochen, lässt sich die Milford zu einer offenen Drohung hinreißen, doch als Luise freiwillig entsagt und ihren Selbstmord ankündigt, vollzieht sie eine weitere plötzliche Wendung. Die Tugend obsiegt über die Leidenschaft, sie selbst will verzichten und entschließt sich zur Flucht vom Hof.

3.4 Die ›Kabale‹ Ferdinands und die Gerechtigkeit

Ich hätte den Staatsmann erst hören sollen, ob der Streich auch zu seinen Karten passe? – Fein und bewundernswert, ich gesteh's war die Finte, den Bund unserer Herzen zu zerreißen durch Eifersucht [...], aber schade nur, daß die zürnende Liebe dem Draht nicht so gehorsam blieb wie deine hölzerne Puppe. (108) Ferdinands Worte richten sich gegen den Vater, dessen Intrige er mit seinem Entschluss, sich und Luise zu vernichten, durchkreuzt. Dem anderen Vater sagt er: Ich bin unschuldig – Danke diesem [dem Präsidenten] hier. (108) Stimmt das?

Ferdinand führt selbst eine ›Kabale‹ auf, die den Spannungsbogen des 5. Aktes bildet. Im Hinterkopf hat er den Plan einer fürchterlichen Vermählung (73), sollte sich sein Wissen endgültig bestätigen. Ich bin jetzt da, mein gegebenes Wort einzulösen und meine Braut zum Altar abzuholen (92), gibt er vor. Seine ironischen Sophismen, mit denen er die Geliebte prüfen will, sind hohl; da die Thesis falsch ist, kann auch die Conclusio nicht richtig sein: Meine Aussage ist wahr, wie die Liebe meiner Luise, und heilig will ich sie halten, wie sie ihre Eide – Ich kenne nichts Heiligeres [...] Die Lüge muß hier gangbare Münze sein, wenn die Wahrheit so wenig Glauben findet. (92 f.) Ferdinand verkennt, dass Luise, gerade weil sie Eide heilig hält, den Brief anerkennen und die eigentliche Wahrheit verschweigen muss. Damit stört auch sie die offene Kommunikation und deutet an: [D]ie Sprache unserer Herzen ist verwirrt. Dürfte ich den Mund auftun, Walter, ich könnte dir Dinge sagen [...] (105) Dreimal bekennt sie den Brief geschrieben zu haben, was ja auch nicht falsch ist, aber verleugnet sich damit selbst. So sehr sich Ferdinand eine Lüge wünscht, der erzwungene Eid bleibt ihr heilig, die Wahrheit des Sakraments dient dem Verbrechen anstatt seiner Aufklärung. [Erst der Tod] enttabuisiert Eid und Sakrament, neutralisiert die Verbindlichkeit der Formen und stellt Unrecht wieder als Unrecht hin.[38] Das ist dem heutigen Leser nur verständlich, wenn er weiß, dass SCHILLER dies Verhalten der Kritik aussetzen wollte. Die bürgerliche Moral, die als Fixpunkt der Emanzipation des deutschen Bürgertums anzusehen ist, wird selbst als Herrschaftsmittel eingesetzt. Der Bürger wird Opfer, weil er sich nicht aus dieser Zwickmühle befreit.

Mit dem Bekenntnis hat Luise ihr Todesurteil gefällt. Ferdinand hat nur noch Mitleid mit dem betrogenen Vater, den er bezahlen will, letztlich mit seinem Abschiedsbrief – dem vierten des Dramas – und seiner Uhr (Mit der Zeit wären wir fertig., 103) als Legitimation zum Präsidenten schickt. Als Luise im Tod die Kabale aufdeckt, erkennt er nicht mit der Wahrheit seine eigene Verblendung und Schuld. Er sinnt auf Rache an dem Mördervater, dem er angesichts des Jüngsten Gerichts die größte gräßlichste

Hälfte (109) der Schuld zuschieben will. Auch der Präsident ruft den **Richter der Welt** (109) an, will seine Schuld auf Wurm abwälzen und wie Pilatus seine Hände in Unschuld waschen. Der Sekretär führt die Gegenklage (**War es mein Sohn? War ich dein Gebieter?**, 109). Mit der Anerkennung des Jüngsten Gerichts unterwerfen sich die Schuldigen der transzendenten Gerechtigkeit. Das natürliche und göttliche Recht ist damit wiederhergestellt. Aber auch der weltlichen Gerechtigkeit wird Genüge getan: **Weckt die Justiz auf!**, ruft Wurm. Er ist bereit sich zu stellen und die Kabale und alle Verbrechen aufzudecken. Mit der Verhaftung des Präsidenten (**jetzt euer Gefangener**, 110) befreit sich das Recht – für einen Augenblick – von der Macht des Feudalabsolutismus.

Nicht zu verkennen dabei ist die Rolle der Öffentlichkeit. In der letzten Szene hat sich im Hintergrund das Volk versammelt. Die geheimen Machenschaften werden publik gemacht; so können Amoral und Unrecht erst angeklagt werden. Nach SCHILLERS Mannheimer Theaterkonzeption (vgl. 5.4.5) hat auch die Bühne als Gerichtssaal eine wichtige Aufgabe für die Öffentlichkeit:

> Die Gerechtigkeit der Bühne fängt an, wo das Gebiet der weltlichen Gesetze sich endigt. Wenn die Gerechtigkeit für Gold verblindet, und im Solde der Laster schwelgt, wenn die Frevel der Mächtigen ihrer Ohnmacht spotten, und Menschenfurcht den Arm der Obrigkeit bindet, übernimmt die Schaubühne Schwert und Waage, und reißt die Laster vor einen schrecklichen Richterstuhl.[39]

SCHILLER hat in *KABALE UND LIEBE* nicht nur die Willkür und das Unrecht des Feudalabsolutismus vor den Richterstuhl zitiert, er hat auch mit der letzten Szene seinen Anspruch an den Theaterschriftsteller erfüllt, die Welt als Schöpfung Gottes darzustellen, indem die höhere Gerechtigkeit auf der Bühne wiederhergestellt wird. Die Tragödie wird damit zur Theodizee, verwehrt aber die Antwort auf die Frage, ob Patriarchat und Standesunterschiede in der historischen Gegenwart SCHILLERS wirklich Teil einer **allgemeinen ewigen Ordnung** (60) sind.

4 Thema ›Liebe‹: Die Liebenden auf der Suche nach der ›wahren‹ Liebe

Ist lieben denn Frevel, mein Vater? (89) Diese Frage, die Luise Miller in der dramatischen Freitoddiskussion (V, 1) stellt, provoziert eine Gegenfrage: Was versteht sie unter Liebe, welche Liebe meint sie? Luise ist hier zum Selbstmord mit Ferdinand entschlossen. Im Tod soll ihre Liebe als das sehnsuchtsvolle und sinnliche Verlangen nach dem Geliebten in Erfüllung gehen, das Grab wird zum Brautbett, der Tod, von Anfang an eng mit dem Motiv der Liebe verknüpft, zu einem dienstbaren Geist und Liebesgott (Amor cupiditas) (88). Liebe, das ist für Luise der irdische Eros, die Liebe zu einer konkreten Person (vgl. Mat. 4a), die sich in der geschlechtlichen Liebe (Sexus) erfüllen soll. Den Plan will sie Ferdinand in einem Brief mitteilen, den Miller überbringen soll. Die Frage nach dem Adressaten stößt auf ihr völliges Unverständnis. In ihrer Antwort versucht sie eine Umschreibung ihrer unermesslichen Liebe: **Die Unendlichkeit und mein Herz haben miteinander nicht Raum genug für einen einzigen Gedanken an ihn [...]** (87) Die Ausschließlichkeit und der Absolutheitsanspruch ihrer Liebe werden deutlich, da wird kein Gedanke mehr verschenkt an andere Mitmenschen und an Gott.

So nennt ihr der gottesfürchtige Miller das Korrektiv ihrer fast abgöttischen Liebe zu Ferdinand. **Wenn du Gott liebst, wirst du nie bis zum Frevel lieben** – (89). Mit einfachen Worten lässt SCHILLER hier den alten Miller seine Antwort auf eine theologische und philosophische Diskussion geben, die weit in die griechische Antike zurückreicht. Das Neue Testament nennt diese Liebe zu Gott *Agape*, die ihr Vorbild hat in der Liebe, die Gott den sündigen Menschen erweist. Wie diese muss sie spontan und unmotiviert sein, frei von Berechnung, grenzenlos und unbedingt. Wie Gottes Liebe Sünderliebe ist, schließt der biblische Begriff der Liebe die Nächsten- und Feindesliebe ein. Der biblische Sprachgebrauch zeigt die deutliche Abgrenzung von der griechischen Tradition, die nach Platon den natürlichen Eros, die Liebe zum einzelnen sinnlich Schönen, und den himmlischen Eros, die zentrale Kraft des Menschen, das Gute, Wahre und Schöne zu lieben und zu suchen, unterschied. Bei allen Syntheseversuchen in der Geistesgeschichte wird doch meistens die Gegensätzlichkeit von Eros und Agape (Augustinus: amor sui, cupiditas – amor Dei, caritas) herausgestellt. Die christliche Agape hat einen hohen Anspruch: Sie fordert geduldiges Ertragen, verstehendes Mitleiden, hochherziges Verzeihen und Selbstlosigkeit.[40] Luise muss sich also fragen lassen, wie selbstlos ihre Liebe ist, ob sie mit ihr nicht Gott und ihre Nächsten, somit auch ihren Vater vergisst.

4.1 Vaterliebe: Miller und Präsident

Aber wie liebt Miller selbst? Niedergeschlagen tritt er ins dunkle Zimmer ohne Luise zu bemerken und sie suchend, in der Hoffnung, dass sie doch noch kommen wird: Vielleicht kommt deine Einzige dann ans Ufer geschwommen – – Gott! Gott! Wenn ich mein Herz zu abgöttisch an diese Tochter hing? – Die Strafe ist zu hart. (86) Im Gespräch mit Luise bekennt er sich noch einmal zu dieser ebenso unermesslichen Vaterliebe:

Du warst mein Abgott. Höre, Luise, wenn du noch Platz für das Gefühl eines Vaters hast – Du warst mein alles. Jetzt vertust du nicht mehr von deinem Eigentum. Auch ich hab alles zu verlieren. [...] Die Zeit meldet sich allgemach bei mir, wo uns Vätern die Kapitale zustatten kommen, die wir im Herzen unserer Kinder anlegten – Wirst du mich darum betrügen, Luise? Wirst du dich mit dem Hab und Gut deines Vaters auf und davon machen? (89)

Beide Zitate zeigen, dass sich auch Miller in einem Zwiespalt befindet zwischen seiner Auffassung von exklusiver väterlicher Liebe und der Agape. Sein Vokabular stammt aus der Ökonomie, er definiert das Verhältnis zu seiner Tochter als ein Wirtschaftsverhältnis, das ihm Zinsen eintragen soll. Auch wenn er mit dieser Argumentation Luise vom Selbstmord abbringen will, seine Äußerungen verraten doch die egoistische und possessive Seite seiner Liebe, die nicht die Eigenart und den Willen des Gegenüber anerkennt, hier jedoch angesichts der Pläne seiner Tochter ohnmächtig ist. Er kämpft um ihr Seelenheil, doch zuletzt weiß er keinen Rat mehr, als sich von seinem väterlichen Pflichten loszusagen: Jetzt weiß ich nichts mehr – [...] stehe dir, Gott Richter! für diese Seele nicht mehr. (90) Er kündigt damit seine Vaterrolle als Verantwortlicher vor Gott auf. Damit ist ein vorläufiger Endpunkt der Geschichte dieser Vaterliebe erreicht.

Schon bei seinem ersten Auftritt zeigt sich diese possessive Seite seiner Liebe, um mit Fromm zu sprechen, das *Haben* statt des *Seins*. (vgl. Mat. 4b). Er sieht die Liebe seiner Tochter zu Ferdinand unter dem ökonomischen Aspekt (Kommerz, Handel, 5), den Sexus, die körperliche Liebe betonend (5, 6, 12). Andererseits klagt er vehement seine Frau an, als Kupplerin der Tochter Gesicht [...] zu Markt zu treiben. (7) Rechtschaffenheit, Sorge um den guten Leumund der Tochter, die Reduktion des Eros auf das Triebhafte, wirtschaftliche Perspektive und Patriarchat als Verfügungsgewalt über den Lebensplan der Tochter verbinden sich hier zu einer eigentümlichen Vorstellung von Liebe. Das einzige Kind ist ihm zu kostbar für ein Abenteuer (7, 8). Entsprechend tritt er den Ansprüchen Wurms, den er persönlich verabscheut, gegenüber. Er instrumentalisiert die Vorstellung der Freiheit der Gattenwahl um einen unliebsamen Schwiegersohn abzuwimmeln. Das Anhalten um die Hand der Tochter bezeichnet er als einen **altmodischen Kanal.**

> Da! hinter dem Rücken des Vaters muß er sein Gewerb an die Tochter bestellen. Machen muß er, daß das Mädel lieber den Vater und Mutter zum Teufel wünscht, als ihn fahrenläßt – oder selber kommt, dem Vater zu Füßen sich wirft und sich um Gottes willen den schwarzen gelben Tod oder den Herzeinzigen ausbittet – Das nenn ich einen Kerl! Das heißt lieben! (10 f.)

Das klingt wie eine Beschreibung Ferdinands und lässt sich als Vorausdeutung des tragischen Endes der Liebe seiner Tochter lesen. Die Definition der Liebe hier steht in einem krassen Gegensatz zu der des fünften Aktes. Zudem wird ihm der Verlust der Tochter nicht so leicht fallen, wie er es in diesem Moment darstellt. Das wird in dem ernsthafteren Gespräch mit Luise (I, 3) deutlich. Die doppeldeutige Bezeichnung **Schöpfer** (12) zu Beginn der Unterredung kann auch auf Miller selbst bezogen werden. Als Luise von der Verfolgung durch den Präsidenten bedroht ist, taucht Millers erster Fluchtgedanke auf, der die Frau nicht mit einschließt (40). Ferdinand soll zu seiner Tat stehen oder den **wimmernden Wurm zertreten, den Liebe [...] so zuschanden richtete.** (42) Auch hier findet sich wieder die vorausdeutende Verbindung von Liebes- und Todesmotiv. In der Auseinandersetzung mit dem Präsidenten schreitet Miller erst dann ein, als sein Kind, **des Vaters Arbeit** (44), beschimpft wird, und setzt damit seine ganze Existenz aufs Spiel.

Wie aufgezeigt, kann jedoch nur der adelige Geliebte Luise wirklich schützen, denn Miller wird kurz darauf selbst verhaftet und taucht erst wieder zu Beginn des fünften Aktes auf, wo er Luise dazu bringt, den Plan des Selbstmordes aufzugeben und den endgültigen Verzicht auf Ferdinand zu erklären.

> Um einen Liebhaber bist du leichter, dafür hast du einen glücklichen Vater gemacht. [...] Gott weiß, wie ich schlechter Mann zu diesem Engel gekommen bin! – Meine Luise, mein Himmelreich! – O Gott! ich verstehe ja wenig vom Lieben, aber daß es eine Qual sein muß, aufzuhören – so was begreif ich noch. (91)

Miller zeigt hier nicht nur Verständnis für seine Tochter, sondern gesteht sich noch einmal die Sündhaftigkeit seiner abgöttischen Liebe ein. In dieser Situation schlägt Luise eine gemeinsame Flucht vor, die Miller in seiner Vorstellung zu einer romantischen Bänkelsängerutopie ausmalt.

Doch diese Utopie geht nicht in Erfüllung, die väterliche Liebe, die Miller Ferdinand gegenüber noch einmal bekräftigt (96), endet tragisch. Daran trägt Miller selbst mit Schuld, denn er verpflichtet Luise noch einmal auf den gemeinsamen Eid (93 f.) und versteht nicht Ferdinands mehrfache Andeutungen des Mordplanes (96, 97, 98) und dessen Warnung, **Herz** und **Seel** ausschließlich an die einzige Tochter zu hängen. Rührung und Mitleid mit dem betrogenen Geliebten, vielleicht das Hochgefühl über die Entscheidung Luises verstellen ihm den klaren Blick. Letztlich lässt er sich durch das Geld blenden (96 bis 99), das er ausschließlich Luise zugute kommen lassen will. Dies ist ein Plan, der durch das Ende ad absurdum geführt wird. Im entscheidenden Moment lässt er Luise im Stich (101), zu spät erkennt er, dass er sich seine Tochter hat **abkaufen** lassen (110, vgl. 7, 99).

Ebenso tragisch endet die Vaterliebe des Präsidenten, wenn man sie überhaupt als solche bezeichnen kann. **Mein Sohn! Warum hast du mir das getan?** [...] **Ist hier niemand, der um einen trostlosen Vater weinte?** (108) Er wäscht wie Pilatus die Hände in Unschuld. Wichtig ist jedoch, dass die Schuldfrage und der Streit mit Wurm nicht den Wunsch nach Vergebung durch seinen Sohn überlagern. So ist auch von der letzten Szene her die Rechtfertigung seiner Taten, **Wem tat ich dies alles?** (21), zu überdenken. Nimmt man sie ernst, so ist der Endzweck dieser Taten der Aufstieg des Sohnes, den er selbst aber nicht nur in der Kabale zum Mittel, zum Objekt macht: **[D]enke auf nichts, als in meine Entwürfe zu spielen.** (21) Diese ›Fürsorge‹ ist kein Zeichen einer Liebe, die die Person um ihrer selbst willen liebt. Ferdinand wird Funktionsträger einer Idee vom Machterhalt der Familie, des Wappens. Die Diskussion um das Lebensglück in der siebten Szene des ersten Aktes macht dies ganz deutlich. Ferdinand soll einem Bild gleich werden, das sich der Vater von ihm gemacht hat. Trotz großer gradueller Unterschiede zeigen sich auf dieser possessiven Seite Parallelen zu der Vaterliebe Millers. Letztendlich scheitert auch der Präsident tragisch, denn die Mittel führen den Endzweck ad absurdum. Mit dem Tod Ferdinands sind alle Entwürfe des Präsidenten null und nichtig.

4.2 Wurm und Lady Milford als Liebende

Neben der Hauptliebesgeschichte von Ferdinand und Luise gibt es zwei Nebenliebesgeschichten, die ebenfalls den Umschlag der Leidenschaft in die zerstörerische Eifersucht aufzeigen können: das Begehren Wurms nach Luise und Lady Milfords entbrannte Liebe zu Ferdinand. Die Erste ist schnell betrachtet und wird von Schiller kaum mehr als zur Motivierung der Kabale ausgeführt.

Wurm tritt als Konkurrent Ferdinands auf ohne bei Luise oder den Eltern Gehör zu finden. In seiner steifen, biederen Art schwankt er zwischen überheblicher Zuversicht, er werde **einmal eine fromme christliche Frau an ihr haben** (8), und der unsicheren Erwartung, dass Luise ihn abweisen werde (**Zukünftige oder Gewesene,** 8). Als die Millerin ihm dann deutlicher zu verstehen gibt, dass Luise mit dem Major liiert ist, verliert er doch die Fassung. Er betrachtet aus der Perspektive seines Berufes die Ehe mit

Luise als rechtlich einklagbaren Besitzanspruch und stellt noch einmal heraus, was er in eine solche Vernunftehe einzubringen vermag. (9) Als Miller ihm den Ehevertrag verweigert, ist er zur Kabale entschlossen. Vor dem Präsidenten gibt er zu, dass – zumindest **mit den Augen** – Eifersucht im Spiel ist (17). Er betrachtet Luise als Repräsentationsobjekt, als **das schönste Exemplar einer Blondine, die [...] neben den ersten Schönheiten des Hofes noch Figur machen würde.** (16) Aber er steht offen zur bürgerlichen Sexualmoral (17), d. h. für ihn kommt nur eine legitime Ehe in Betracht.

Wurm ist Rationalist, der selbst die Liebe und Eifersucht wie mit einem **Barometer der Seele** (50) analysiert und instrumentalisiert. Auch vor Luise und ihrer Liebe zum Vater macht er nicht Halt und lockt sie in die Falle: Sie wird zu einer Figur seines **satanischen** Schachspiels (52), das ihm am Ende Luise zuführen soll. Nur einmal bricht sich eine Empfindung Bahn, als er die Verzweiflung Luises sieht, die soeben den Brief geschrieben hat: **Ich habe herzliches Mitleid mit Ihnen. Vielleicht – wer weiß? – Ich könnt mich wohl über gewisse Dinge hinwegsetzen – Wahrlich! Bei Gott! Ich habe Mitleid mit Ihnen.** (67) Selbst hier kann der Leser nicht sicher sein, ob Wurm nicht lediglich die geplante ›Ehrenrettung‹ Luises vorbereiten will. Eide gelten ihm ohnehin nichts.

Auch der Schluss lässt die Frage nach einem wahren Gefühl Wurms offen. Kein Wort gilt der toten Luise, aber er verfällt offenbar in Raserei, in geistige Umnachtung. Am Ende gehört auch er zu den **betrogenen Betrügern,** die Begehrte ist tot.

Während Wurm der Verstellung des Hofes verhaftet bleibt, findet Lady Milford in entscheidenden Situationen zu vorbehaltloser Offenheit, so auch bei ihrer ersten Szene, in der sie sich ihrer Kammerzofe offenbart:

> **Gib mir den Mann, den ich jetzt denke – den ich anbete – sterben, Sophie, oder besitzen muß. [...] Laß mich aus seinem Mund vernehmen, daß die Tränen der Liebe schöner glänzen in unseren Augen als die Brillanten in unserm Haar, (feurig) und ich werfe dem Fürsten sein Herz und sein Fürstentum vor die Füße, fliehe mit diesem Mann, fliehe in die entlegendste Wüste der Welt. (28)**

Auffallend ist, dass sich auch hier das Todes- und Fluchtmotiv mit dem der Liebe verbindet, dass der existenzielle Einsatz die Totalität der Leidenschaft offenbart. Auch der possessive (**besitzen, haben,** 28 f.) Zug ihres Eros ist unverkennbar. Ebenso wie Wurm verfügt die Lady über ihren Geliebten wie über eine Schachfigur in ihrer Hofkabale, auch wenn sie diese als Werk ihrer Liebe zu verteidigen sucht. Die symmetrische Konstruktion der Konfiguration wird hier deutlich.

Doch bei der ersten Begegnung mit dem Geliebten verkehrt sich das scheinbare Dominanzverhältnis in sein Gegenteil. Lady Milford verliert schon vor dem Eintreffen Ferdinands ihre Fassung, sie ist getroffen von den gezielten Beleidigungen des Majors. Der Vorwurf der Ausbeutung und der Angriff auf ihre Ehre trifft sie jedoch so hart, dass sie mit Größe reagiert und dabei auf ihre reale Macht verweist. Es folgt die rührende Lebensgeschichte vom Abstieg der Emilie von Norfolk, die dem Zeitgeschmack entsprach. Es scheint fast so, als wolle sich Schiller mit Lady Milford für die große Prahlerei entschuldigen (36, 82). Während dieser Erzählung wechselt sie vom ›Sie‹ zum ›Du‹, die Liebesgeständnisse schließen sich an, bei dem letzten umfasst sie Ferdinand, sich völlig offenbarend. In dieser Situation stößt sie der Geliebte – in seiner Not – zurück, seinerseits offenbarend, dass er eine Bürgerliche liebt. Der Umschlagpunkt ist deutlich, mit dem ›Sie‹ gewinnt die Milford wieder Distanz, ihre leidenschaftliche, vorbehaltlose Liebe wandelt sich in einen ebenso leidenschaftlichen Zerstörungswillen (38). Sie will aus verletztem Stolz, um ihre **Ehre** zu retten, eine Heirat erzwingen ohne die Liebe Ferdinands gewinnen zu können. Sie will ihn besitzen.

Die zweite Hälfte des vierten Aktes steht ganz im Zeichen dieser Nebenliebesgeschichte, und in dieser Einheit ist das Zusammentreffen der liebenden Frauen zentral. Die Liebenden sind als Komplementärfiguren aufeinander bezogen (vgl. 4.3), das Symbol des Spiegels, in dem sich die Lady selbst und ihre Konkurrentin vergleichend betrachtet, deutet auf die Komplementarität voraus. Lady Milford tritt als Befehlende auf, sie hat Luise zu sich zitiert, will die Nebenbuhlerin kennen lernen und sie durch das Angebot der Kammerzofenstelle von dem Geliebten trennen. Doch wie in dem Gespräch mit Ferdinand verkehrt sich auch in dieser Szene das Dominanzverhältnis in sein Gegenteil, da Luise souverän und selbstbewusst reagiert, und auch hier schlägt die leidenschaftliche Liebe in leidenschaftliche Rache um, als sich Luise offen zu Ferdinand bekennt: [W]ag es, **ihn jetzt noch zu lieben oder von ihm geliebt zu werden [...]. Ich bin mächtig, Unglückliche – fürchterlich – so wahr Gott lebt! du bist verloren!** (80) Sie beteuert noch einmal, dass Ferdinand sie nicht lieben soll, sie will ihn jedoch besitzen und Luises Liebe zerstören. In völliger Verkehrung der Begriffe bezeichnet sie die Liebe als schimpfliche, die Rache als selige Leidenschaft.

Doch das Zusammentreffen nimmt noch zwei überraschende Wendungen. Luise entlarvt diese Rachegelüste als Schutzmechanismus einer zutiefst enttäuschten Liebe. Lady Milford reagiert darauf – ganz im höfischen Sinne – mit einem Bestechungsversuch. Doch die Entsagung Luises löst im folgenden Monolog (IV, 8) den eigenen Verzicht auf Ferdinand aus. Damit verlässt Lady Milford eine Seite, auf die sie nie recht gehörte. Sie verlässt die amoralische Sphäre des Hofes und wirft sich in die **Arme der Tugend,** sie entmachtet sich und wählt den bescheidenen Bürgerstand, sie wandelt sich von einer abgewiesenen, leidenschaftlich Liebenden zu einer verzichtenden. Auch wenn dieser Verzicht nur in einer Art Selbstsuggestion gelingt, sie gibt damit auch die Besitzansprüche auf Ferdinand, die Liebe als Haben, auf und erkennt das Recht Luises und Ferdinands an, sich zu lieben. Lady Milford ist auf dem Weg der Anbindung des Eros an die Agape, der Liebe zu Ferdinand um seiner selbst willen.

Beide Nebenhandlungen weisen einige Parallelen auf, die Liebenden entwickeln sich jedoch in gegensätzliche Richtungen. Die Liebe bleibt jeweils unerfüllt und so enden diese Nebenhandlungen tragisch wie die zentrale Liebeshandlung selbst.

4.3 Luise und Ferdinand als Liebende

4.3.1 Luise und die Entsagung

Ferdinands Verblendung und Verabsolutierung der Liebe und Luises Entsagung einer Verwirklichung dieser Liebe sind neben der gesellschaftlich-politischen Dimension des Stückes die Hauptthemen der Sekundärliteratur. Umstritten sind vor allem die Beweggründe der Entsagung Luises, und je nach Antwort fällt auch die Bewertung der Figur aus.

Kraft sieht deutlich die Grenzen ihrer Liebe, da sie die Schranken der Ständeordnung anerkenne: **Luise vermag die Enge ihrer Welt nicht zu überwinden.**[41] Nicht an den Zuständen und Machteinflüssen zerbreche damit letztlich die Liebe, sondern wesentlich an dem Charakter Luises.[42] Ähnlich urteilt in der älteren Forschung Korff, der die religiöse und soziale Unfreiheit des kleinbürgerlichen Mädchens herausstellt.[43] Auch Burger sieht in der Anerkennung der Standesschranken ein Motiv für Luises Entsagung, denn es trete **gegen die Liebe statt der höfischen die bürgerliche Wirklichkeit entscheidend ins Spiel. Weil Luise selbst dieser Wirklichkeit zutiefst verhaftet ist, vermag sie nicht mit Ferdinand bis zum äußersten zu gehen.**[44] Er bewertet diese Entscheidung jedoch nicht als einen Schritt kleinbürgerlicher Enge, sondern als **Sinn für den Nomos – als ewige Ordnung**[45], der sich im 18. Jahrhundert in der Sittlichkeit der Bürgerwelt manifestiere. Huyssen argumentiert deutlicher soziologisch, die Standesgebundenheit Ferdinands herausstellend. Ferdinands aristokratisches Sozialverhalten trete vollends in der Peripetieszene in Erscheinung, Luise erkenne diesen sozialen Abgrund. Huyssen folgert daraus die Irrealität der Liebe:

> Nicht nur das Pflichtgefühl gegenüber ihrem Vater und der religiös begründete Wunsch, Ferdinand vor realem oder symbolischem Vatermord zurückzuhalten, treiben sie zum Verzicht auf den Geliebten, sondern vor allem die Einsicht, daß ihre Liebe selbst Illusion war.[46]

Eigentlich ist Luises Entsagung nur als Motivbündel zu verstehen, das gelöst, geordnet und nach den einzelnen Motiven bewertet werden muss.

In der Exposition (I, 3) sind in nuce schon all diese Motive enthalten. Luises erster Gedanke gilt ihrem Vater, der zweite der eigenen Sündhaftigkeit, der dritte dem Geliebten (11 f.). Die Konstellation ist offenkundig: Luise steht zwischen der Autorität und Liebe des Vaters und ihrer Liebe zu Ferdinand, die den Konflikt in den Bereich der Familie hineinträgt. Dieser wird sich im Laufe des Stückes mit der Kabale verschärfen. Der zweite Bereich, in dem Luise und Ferdinand jeweils verwurzelt sind, ist der des Standes, der eine Verwirklichung im Hier und Jetzt unmöglich zu machen scheint. (13) Beide Bereiche sind auf vielfältige Weise mit der religiös-sittlichen Vorstellungswelt Luises verbunden, in der sie sich als **schwere Sünderin** (12) empfindet: **[D]er Himmel und Ferdinand reißen an meiner blutenden Seele** [...]. Aber was ist denn so sündhaft an ihrer Liebe, an dem Ungehorsam gegen den Vater, an der Anmaßung, die Stände überwinden zu wollen? Luise ist ein Mädchen mit natürlicher Leidenschaft und Liebessehnsucht, aber dieser Eros ist so übersteigert, dass er den Geliebten übermenschlich erscheinen und sie selbst zur Unbedeutsamkeit schrumpfen lässt. Er ist so übersteigert, dass Luise darüber die Mitmenschen und Gott vergisst – die Agape. Luise versucht die exklusive Zweisamkeit damit zu rechtfertigen, dass sie mit der Liebe zu Ferdinand als göttliche Gabe auch Gott selbst preise (12): **Ich wußte von keinem Gott mehr, und doch hatt' ich ihn nie so geliebt.** (13)

Luise erinnert sich mit diesem Satz an die erste Begegnung mit Ferdinand. Nur in dieser Erinnerung, in der Luise ein arkadisches Bild zeitlosen Glücks entwirft, oder in der Utopie einer standeslosen (jenseitigen) Gesellschaft (vgl. 2.2.2) ist diese Liebe heil. In der Wirklichkeit, hier als Gegenwart der Bühne, ist die Liebe von Anfang an tragisch. Wirklichkeit heißt für Luise Familie, Stand und moralisches Bewusstsein. Weil sie das alles begreift und nicht nur weil der Vater es verbietet, entsagt sie (im Selbstgespräch) Ferdinand **für dieses Leben** (13).

Mit dem Auftreten des Geliebten verstummt Luise fast, die Liebesszene des ersten Aktes (I, 4) gehört Ferdinand (vgl. 4.3.2). Nur zaghaft deutet sie ihre Bedenken an. In der fünften Szene des zweiten Aktes ändert sich diese Situation nicht. Mehrfach ihren Tod vorausdeutend (41), fällt sie fast in Ohnmacht, als sie von den Plänen des Präsidenten, Ferdinand mit Lady Milford zu verheiraten, erfährt. Ihr Ausspruch: **Vater, hier ist deine Tochter wieder** [...] (42) kann als zweite Entsagung aufgefasst werden. Wie bei ihrem ersten Auftritt bezeichnet sie die Erfüllung der Liebe nur als schönen Traum (13, 42), der in der Gegenwart nicht Wirklichkeit werden kann. Eben noch ein **Backfisch,** gewinnt sie bei dem Verhör durch den Präsidenten (II, 6) Größe, um bald darauf wieder der Ohnmacht nahe zu sein. Auf die Beleidigungen des Präsidenten entsagt sie noch einmal: **Herr von Wal-**

ter, jetzt sind Sie frei. (44) Der Auftritt zeigt zudem, dass Luises Liebe zu einer existenziellen Bedrohung für die Familie geworden ist, die Ferdinand zwar momentan entschärfen kann, die deshalb aber noch nicht abgewendet ist.

Diese existenzielle Bedrohung bildet den Hintergrund der Peripetieszene (III, 4), in der Luise, auch deutlich vor Ferdinand, auf die Verwirklichung der Liebe verzichtet: **Ich glaube an keine glücklichen Tage mehr. Alle meine Hoffnungen sind gesunken.** (58) Sie lehnt Ferdinands Fluchtplan ab, obwohl der Plan den Vater mit einbezieht und vor unmittelbarer physischer Bedrohung retten könnte.[47] Seine bürgerliche Existenz wird zwar vernichtet, aber das akzeptieren sowohl Miller als auch Luise in ihrem späteren gemeinsamen Fluchtplan (91). Dennoch sagt sie: **So schweig und verlaß mich [...]!** (59) Aber warum verweigert sie sich der Flucht? Es ist das Pflichtgefühl gegen den Vater, das Gebot der Elternliebe. Dieses Gebot überträgt sie auch auf Ferdinands Vater, von dem sich der Sohn losgesagt hat (58) und den der Sohn bestehlen will. SCHILLER führt beide hier in ein moralisches Dilemma hinein. Luise entscheidet in diesem Dilemma, dass auch ein Mörder (58; 17 und 59; 27) nicht seines Vaterrechtes verlustig gehen kann, weil – so eine Auslegung des Gebotes (2. Mose 20) – die Eltern zu lieben und zu ehren sind um der göttlichen Ordnung willen. Luise kann den Fluch des Präsidenten nicht ertragen: **Wenn nur ein Frevel dich mir halten kann, so hab ich noch Stärke, dich zu verlieren.** (59)

Die zweite Begründung ihres Verzichts ist auf Ferdinand direkt bezogen. Sie erkennt, dass trotz aller Beteuerungen der Geliebte im Grunde Aristokrat geblieben ist (vgl. 2.2.3). Sollte dann nicht doch neben der Familie als Keimzelle die Ständegesellschaft ein Teil der **allgemeinen ewigen Ordnung** (60), des Nomos sein? Ein solcher Gedanke ist für ein 16-jähriges, aus dem Kleinbürgertum des 18. Jahrhunderts stammendes Mädchen psychologisch nachvollziehbar, zeugt aber auch von einem starren Geschichts- und Gesellschaftsbild. Der Begriff **Bürgerwelt** (60) ist jedoch auch im engeren Sinne als Welt des dritten Standes zu verstehen, dessen Emanzipation in der moralischen Integrität ihren Ausgangspunkt hatte. Ferdinand gefährdet diese Basis der bürgerlichen Identität und Luise entscheidet sich gemäß der Aufklärung gegen die Revolution der Tat und für eine Evolution des Bewusstseins.

Eine dritte Begründung findet sich in der ersten Frage Luises, ob Ferdinand sonst keine Pflicht habe als seine Liebe (59), und in der Selbstbezichtigung als **Verbrecherin – mit frechen törichten Wünschen** (60). Diese Wünsche zeigten schon in der Eingangsszene, dass Luise fähig ist bedingungslos zu lieben. In dieser Hinsicht wird sie nur als Spiegelbild Ferdinands verständlich, der diese bedingungslose Liebe noch in der Peripetieszene vertritt: **Höre Luise – ein Gedanke, groß und vermessen wie meine Leidenschaft, drängt sich vor meine Seele – Du, Luise, und ich und die Liebe! Liegt nicht in diesem Zirkel der ganze Himmel?** (58) Nein – muss Luise ihm in der Peripetieszene antworten, nicht nur weil sie inzwischen erfahren hat, wie die Wirklichkeit in die Liebesbeziehung hineingebrochen ist, nicht nur weil sie Familie und Stand wieder als ethische Größen anerkennt, sondern auch weil sie den Absolutheitsanspruch, die Egozentrik, Subjektivität und Hybris der Liebe Ferdinands – und der eigenen – erahnt: **Warm wie das Leben ist deine Liebe und ohne Schranken, wie's Unermeßliche** [...] (60) Martini hält dies für den eigentlichen Grund der Entsagung:

> Gewiß nicht ›Kaltsinn‹, noch ›Klugheit‹ und nicht ›Grenzen‹ ihrer Liebe, aber auch nicht bürgerliche Gebundenheit im ständisch-engen Sinne sind es, welche Luise im ersten großen Geständnis ihrer Liebe (I, 3) den Gedanken der Entsagung, des aufopfernden Verzichts aussprechen lassen, der sich später, mit immer mehr in die Tiefe wachsender Steigerung seines tragischen Erlebnisgehalts, mehrfach wiederholen wird; es ist vielmehr die Angst vor solcher Freiheit des irrationalen Ichs, die im Willen, ganz und nur noch im Gefühl dem reinen Menschsein zu folgen, sich an das Übermenschliche wagt.[48]

Der Verzicht ist schmerzlich, aber zweimal wiederholt sie die Entsagung: **Leben Sie wohl, Herr von Walter.** [...] **Meine Pflicht heißt mich bleiben und dulden.** (60)

Als Entsagende und Verzweifelte tritt sie auch der Konkurrentin gegenüber (IV, 7). Sie kann zunächst nicht offen reden, weil sie glauben muss, dass Lady Milford an der Kabale beteiligt ist und möglicherweise ihre Verschwiegenheit überprüfen will: **Und wenn Ihr verächtlicher Fersenstoß den beleidigten Wurm aufweckte, dem sein Schöpfer gegen Mißhandlung noch einen Stachel gab?** (79) Wie von einem Bandwurm wird sie aufgezehrt von der unglücklichen Situation zwischen Vater und Ferdinand und kann dieses Leid noch nicht einmal offenbaren, weil der Eid als Widerhaken des Wurms dies verhindert. Der Gefühlsausbruch der Milford zeigt ihr jedoch an, dass sie **an der barbarischen Tat** [...] **keinen Anteil** [hat]. (81) Offen verzichtet sie auf den Geliebten, aber kündigt ihren Selbstmord an: **Nehmen Sie ihn denn hin, Mylady! – Freiwillig trete ich Ihnen ab, den Mann, den man mit Haken der Hölle von meinem blutenden Herzen riß.** [...] **Nur vergessen Sie nicht, daß zwischen Ihren Brautkuß das Gespenst einer Selbstmörderin stürzen wird.** (81 f.)

An das Versprechen, Ferdinand aufzugeben, will sie sich zu Beginn des V. Aktes jedoch nicht mehr halten. Sie plant einen gemeinsamen Selbstmord mit Ferdinand, um sich aus der verzweifelten Situation, dem Geliebten nicht die Wahrheit sagen zu können, zu befreien. In ihrem Brief nimmt sie eine Formulierung Ferdinands auf: **Ganz nur Liebe mußt du kommen** [...] (88) Ihr Eros, der im Tod seine Erfüllung finden soll, bricht sich wieder Bahn. Sie will gewaltsam eine Idylle, die Utopie antizipieren, die in der Gegenwart nicht Wirklichkeit werden kann. Wie dargestellt, kann Miller sie in der Freitoddiskussion von diesem Plan abbringen. Sie findet zurück zur Entsagung, jedoch mit tieferer Erkenntnis. Während des ganzen V. Aktes wird sie die Vorwürfe Ferdinands in Verzweiflung erdulden und ihren Eid nicht brechen. Im Tod fühlt sie sich allerdings nicht mehr an den Eid gebunden. Als sie von ihrem nahen Tod erfährt, gilt ihr erster Gedanke Gott und ihrem Seelenheil, ein zweiter den Eltern, der dritte dem Seelenheil des Mörders. Nach der Aufdeckung der Kabale bittet sie Ferdinand, ganz im Sinne der Agape, seinem Vater zu vergeben. Das Ende zeigt nicht nur Luises wahrhaftige Liebe, sondern auch, wie sehr Luises Vorstellung, es könne sich im Tod ihre Liebe erfüllen, Schimäre war. Während sie stirbt, ist Ferdinand getrieben von der Leidenschaft der Rache.

4.3.2 Ferdinand und die >absolute< Liebe

Diese Leidenschaftlichkeit Ferdinands zeigt sich schon in der zentralen Liebesszene des ersten Aktes, hier ist sie jedoch noch auf die Liebe zu Luise bezogen. In dieser Szene ist schon zu erkennen, dass sich die Liebenden voneinander entfernen. Sie betrachten ihre Situation aus konträren Positionen. Ferdinand sagt zu Beginn der Szene: **Weiß ich nur diesen Spiegel helle, so läuft keine Wolke über die Welt.** (14) Mit diesem Spiegel meint er seinen Brillanten, durch den er Luise – und sich – kaleidoskopartig betrachtet. Er steht nicht nur symbolhaft für die Perspektive des Aristokraten (vgl. 2.2.3), sondern zusammen mit dem Ring auch für ihre Beziehung, so wie sie Ferdinand auffasst. Aus dieser >Wir-Perspektive< betrachtet er die Welt, diese ist ohne Bedeutung, wenn nur ihre Liebe erfüllt ist. Luise nimmt den gegensätzlichen Blickwinkel ein: Sie weist auf ihre Bürgerlichkeit hin, auf die Pläne des Präsidenten, auf die eigene Nichtigkeit sowie die drohende Trennung. Sie sieht die Bedingungen ihrer Liebe, nimmt die >Welt-Perspektive< ein. Ferdinand tut ihre Bedenken als Produkt der klügelnden Vernunft ab, die dem Herzen, dem übermächtigen Gefühl entgegenstehe. Während Luise den Gegensatz von *wir* und *Welt* als bedrohlichen Abgrund empfindet, nimmt ihn Ferdinand als Herausforderung an: **Laß doch sehen, ob mein Adelsbrief älter ist als der Riß zum unendlichen Weltall? oder mein Wappen gültiger als die Handschrift des Himmels in Luises Augen.** (15) Diese Textstelle ist schon unter der Perspektive der ständischen Gebundenheit Ferdinands betrachtet worden (vgl. 2.2.3), dass er hier das Naturrecht ([Ab]riß zum unendlichen Weltall) gegen seine aristokratischen Privilegien ausspielt und Luises Liebe gegen seine Familie. Schiller nutzt die Doppeldeutigkeit von *Riss*. Ferdinand wählt bewusst die Liebesbeziehung, die in seiner Vorstellung zu einem überdimensionalen Kosmos, zum Spiegelbild des Himmels wird. Bei dieser Vorstellung der Selbstwahl gerät er in die Apotheose der Liebe und in die Selbstapotheose, wenn er erklärt, Luise brauche keinen Engel mehr: **An diesem Arm soll meine Luise durch das Leben hüpfen; schöner, als er dich von sich ließ, soll der Himmel dich wiederhaben und mit Verwunderung eingestehen, daß nur die Liebe die letzte Hand an die Seelen legte.** (15) Erste titanische Züge sind erkennbar.

In der Auseinandersetzung mit seinem Vater (I, 7) über das Lebensglück (21 f.) vertritt Ferdinand zwar seine Position des privaten Glücks, aber am Ende wagt er es nicht, zu seiner Liebe zu stehen. Gegenüber Lady Milford (II, 3) gesteht er jedoch offen seine Liebe zu dem bürgerlichen Mädchen, aus Leidenschaft und Pflichtgefühl. Auch hier proklamiert er Natur und Menschenrecht für seine Liebe gegen die **Konvenienzen** und die **Mode** der Welt. (38) Doch die Begegnung mit Lady Milford ist nicht ohne Anfechtung für Ferdinand. Diese muss er Luise eingestehen (II, 5): **Eine Stunde, Luise, [...] wo meine Liebe vor meinem Gewissen erblaßte – wo meine Luise aufhörte, ihrem Ferdinand alles zu sein.** (41) In heroischer Geste, seine Tat vorausdeutend, findet er zurück zur Geliebten: **Ich will** [Luise] **führen vor des Weltenrichters Thron, und ob meine Liebe Verbrechen ist, soll der Ewige sagen.** (41) In promethischem Ton kündigt er an die Pläne des Vaters zu verhindern und die Bedrohung von Luise abzuwenden: **Frei wie ein Mann will ich wählen, daß diese Insektenseelen am Riesenwerk meiner Liebe hinaufschwindeln.** (42) Die Hybris Ferdinands wird hier wieder deutlich. Angesichts seiner unendlichen Liebe und Selbstüberschätzung reduziert sich die Welt der Mitmenschen zu einem Kleinsttierreich. Nach einem erneuten Liebesschwur deutet er wieder sein Ende voraus. Dass Ferdinand aber wirklich ein Mann der Tat ist, zeigen die folgenden Szenen, in denen er mit Tatkraft und Wissen die Familie Miller gegen den Vater zunächst schützen kann.

Während sich Luise in der Peripetieszene (III, 4) darin bestätigt fühlt, dass die › Welt ‹ übermächtig in ihre Beziehungen eingedrungen ist, hält Ferdinand unbeirrt an der Verwirklichung der Liebe fest und entwickelt seinen Fluchtplan: **Haben wir an die Welt keine Forderung mehr, warum denn ihren Beifall erbetteln?** Er will Familie, Stand, Heimat und Kirche, alle sozialen Bindungen hinter sich lassen. Die Fluchtziele zeigen die Irrealität dieses Planes. Auch die Einbeziehung des Vaters kann Luise nicht überzeugen. Hat der Vater überhaupt Platz in Ferdinands Vorstellung von exklusiver Zweisamkeit? Dem Zuschauer wird kurz darauf auch die Irrealität dieses erweiterten Planes deutlich. Miller ist bereits festgesetzt, die Gefangennahme ein Druckmittel gegen Luise. Ferdinands Pflichtgefühl ist einzig auf Luise bezogen. Den Eros, die Liebe zu *einem* Menschen, über die Liebe zu *den* Menschen zu setzen, öffnet der Rechtfertigung aller Taten Tür und Tor, das Ethos verliert seine Allgemeingültigkeit. Zu sehen ist dies an Ferdinands Plan, den Vater um Geld zu betrügen, das ohnehin **Blutgeld des Vaterlands** (59) sei. Letztlich rechtfertigt Ferdinand mit dem ›betrogenen Eros‹ auch die Verfügbarkeit über das Leben Luises, eine Entscheidung, die sich schon in der siebten Szene des II. Aktes andeutete (47). Wie aufgezeigt, erklärt Luise in dieser Szene mehrfach den Verzicht. So leidenschaftlich Ferdinand geliebt hat, so übermächtig ergreift ihn jetzt die Eifersucht, erkennbar an den polaren Bildern des Engels und der Schlange und an der aggressiven Zerstörung von Millers Violine.

Wurm hat Ferdinand richtig charakterisiert: **in der Eifersucht schrecklich, wie in der Liebe.** (50) Die Kabale setzt erst ein, als Ferdinand schon von der Eifersucht ergriffen ist. Mit der Kabale gesellt sich zur Hybris die Verblendung, der völlige Realitätsverlust. Besonders deutlich wird dies in dem Eifersuchtsmonolog (IV, 2), in dem er alle Liebesszenen als falsches Spiel Luises umdeutet. Er verkehrt Schein und Sein, Lüge und Wahrheit. Die nagende Selbstbefragung und der Versuch der Trennung von außen und innen, der Distanzierung, der sprachlich festzumachen ist (**man, ihr, das Weib, die Heuchlerin, das Mädchen**), lassen seine ganze Verzweiflung erahnen. Die religiöse Metaphorik deutet auf ›blasphemische‹ Züge auch seiner Eifersucht hin. Letztlich zeigt aber seine Misstrauensbereitschaft, das fehlende Vertrauen in Luise die Mangelhaftigkeit seiner Liebe, er wird selbst zum Opfer seiner Leidenschaft. Die Fixierung und der Ausschließlichkeitsanspruch treiben auch seine Eifersucht und Verblendung auf die Spitze: Dreimal gesteht ihm der um sein Leben fürchtende Hofmarschall (IV, 3) die Wahrheit (72), ohne dass Ferdinand ihm Glauben schenken kann. Auch der Präsident (IV, 5) kann ihm die Wahrheit sagen, dass Luise ein edles und liebes Mädchen sei, dessen Tugend man für Ahnen rechnen könne (74), wohl wissend, dass sich Ferdinand in seiner Eifersucht vor der Wahrheit versperrt.

Wie im Eifersuchtsmonolog angekündigt (69), lässt Ferdinand im fünften Akt die Sprache der Liebe hinter sich und wählt die der Verstellung: Seine Kabale beginnt (vgl. 3.4). Nach dem Bekenntnis Luises hält ihn nur noch das Mitleid mit dem Vater vor einem Mord zurück. In seinem Monolog im fünften Akt (V, 4) bestätigt sich noch einmal die Aufhebung des Ethos durch den (hier: himmlischen) Eros: **Das Mädchen, dem die heiligsten Gefühle der Liebe nur Puppen waren, wird es den Vater glücklich machen können? – Es wird nicht! Es wird nicht! Und ich verdiene noch Dank, daß ich die Natter zertrete, ehe sie auch noch den Vater verwundet.** (97) Dass Luise und Miller ihm Gelegenheit geben, das Gift in das Glas zu schütten, wertet er in seiner Verblendung als Gottesurteil (101). Er ist entschlossen zu Mord und Selbstmord, die er auch durchführt. Auch als er die Wahrheit erfährt, will er sich noch von der sterbenden Luise abwenden um seinen Vater zur Rechenschaft zu ziehen.

Die Ausdehnung des Herrschaftsanspruchs des Eros bis zur Verfügungsgewalt über Leib und Leben hat Janz als **Absolutismus der Liebe** [49] bezeichnet, der aber nicht unbedingt als gesellschaftlich vermitteltes Phänomen zu verstehen ist. Herrmann/Herrmann[50] führen dagegen und als Erläuterung einen Abschnitt aus SCHILLERS BRIEFEN ÜBER DON CARLOS (1788) (vgl. Mat. 3) an. SCHILLER grenzt in diesem Textabschnitt die Liebe zu einer Person von der Liebe zu einem Ideal (als subjektive Vorstellung von Tugend) ab, indem er in seiner zweiten These, die die erste erläutert (**daß – daß**), die Liebe des Idealisten mit dem Wesen und den Wirkungen der Tyrannei vergleicht. Bezugspunkt des Vergleiches ist das Verhältnis zu den Mitmenschen. In der doppelten Begründung (**weil – weil**) des Vergleichs (keine Gleichsetzung) führt SCHILLER aus, dass jeweils die Handlungen und Handlungsziele ichbezogen seien und sowohl der Idealist als auch der Despot wenig Rücksicht auf die Freiheit des anderen nähmen. In einer Art *conclusio*, deren Begründung wieder auf die Eingangsthese zu beziehen ist, fasst SCHILLER diesen Vergleich zusammen: Die Person sollte bei der **wahren Liebe** um ihrer selbst willen geliebt werden, Liebe und Tugend sollten nicht Selbstzweck sein, der den Mitmenschen zum Mittel ihrer Erfüllung herabwürdigt. Der kurze Text kann somit auch als Gegenüberstellung von Eros uranios und Agape gedeutet werden. So verstanden ist die Verabsolutierung der Liebe als Ideal ein allgemeinmenschliches, kein gesellschaftliches Problem. Hier ist es im Charakter und in der Haltung Ferdinands verwurzelt – er verzichtet z. B. ostentativ auf die geschlechtliche Erfüllung (72) – und wird verschärft durch ein aristokratisches Gebaren.

4.4   Unvereinbarkeit der Positionen?

Nun gibt es grundsätzlich zwei Wege, diesen Konflikt auszutragen. Entweder nimmt man die Endlichkeit der Existenz an und beläßt der absoluten Liebe den Charakter der Idee, d. h. man verzichtet auf ihre irdische Erfüllung, worin sie endlich würde. Das ist Luises Weg, der Weg der Entsagung. Oder man versucht, die Erfüllung der absoluten Liebe in der endlichen Welt zu erzwingen, also selbstherrlich zu existieren, wobei die Idee zerbricht. Das ist Ferdinands Weg, der Weg der ›superbia‹.[51]

Die zwei Wege, die Binder in diesem Zitat aufzeigt, beschreiben ein Verhältnis von Anspruch und Wirklichkeit. Kritisiert man einseitig die Wirklichkeit, ist der Anspruch zu rechtfertigen, deutet man den Anspruch einseitig als Vermessenheit, bleibt die Wirklichkeit unveränderbar. Nach Kraft[52] kann Luise die Enge ihrer Welt nicht überwinden, eine Enge, die Ferdinand nicht kennt. Burger (vgl. 4.3.1) rechtfertigt die Unterordnung des Ich unter den Nomos, den er u. a. in der bürgerlichen Gesellschaft repräsentiert sieht, die Negierung des Nomos ist folglich vermessen. Aus der Sicht der Sozialpsychologie neigt Ferdinand zur Egozentrik, die schon pathologische Züge angenommen hat, während Luise in Gefahr ist, durch totale Rollenkonformität ihre Identität zu verlieren. Der Mensch muss schlechthin in der Balance zwischen Rollenkonformität und Egozentrik Ich-Identität gewinnen. Als Bildungsziel formuliert, lässt sich diese Problematik auf das Schlagwort *Selbstverwirklichung in sozialer Verantwortung* reduzieren. Wenn die Wirklichkeit die Rollen so rigide bestimmt, dass der Mensch keine Ich-Identität gewinnen kann, muss sie verändert werden. Ideal und Wirklichkeit sind aber nur zwei Seiten eines Spannungsfeldes, in dem sich die Liebenden befinden, die anderen werden durch die antithetischen Begriffe Eros und Agape bestimmt. Unter diesem Blickwinkel zeigt sich Ferdinands Ideal der absoluten Liebe als *amor sui,* da er die Liebe als Haben in extremster Form auffasst: Er verfügt über Leib und Leben der Geliebten und wird zum Mörder. Luise beugt sich der gesellschaftlichen Wirklichkeit und findet zurück zum Altruismus der Agape. Der versöhnliche Schluss der Druckfassung zeigt auch Ferdinands Wendung zur Agape (110).

Bietet SCHILLER damit Luise oder eventuell eine andere Person als Identifikationsfigur an? Auch wenn Lady Milford am Ende des Stückes ihre Autonomie durchsetzt, erscheint sie in ihrer ständischen Gebundenheit als höchst problematische Figur. An Miller kritisiert er das altständische Verharrungsvermögen, das eine Veränderung der Wirklichkeit ausschließt und in der Familie die Entfaltung des Individuums zu ersticken droht. Ferdinand setzt dagegen das Naturrecht des Einzelnen und eine Gesellschaftsutopie. Bei Luise schwankt der Autor zwischen beiden Polen. Er hat noch nicht das religiöse und ethische Fundament verlassen, auf dem die Ordnung des altständischen Bürgertums ruht und vor dessen Hintergrund Ferdinands Liebe, Hybris und Mord äußerst fragwürdig erscheinen. Die versöhnliche Wendung am Schluss mag als Überwindung des tragischen Subjektivismus des Sturm und Drang bewertet werden.[53] Aber auch Luise ist eine problematische Figur. Sie entscheidet sich im tragischen Konflikt zwar aus guten Gründen, auf die Selbstverwirklichung zu verzichten, sie wendet sich aber damit gegen sich selbst, anstatt gegen die Bedingungen, die diese Ich-Autonomie verhindern. SCHILLER hat sich auf jeden Fall nicht entscheiden können. Als Identifikationsfigur kann auch sie nicht gemeint sein. Vielmehr lässt SCHILLER die Figuren einen Diskurs austragen, ohne dem Leser und sich selbst eine letzte Antwort zu geben.

5 Thema ›Form‹: Der Aufbau des Dramas – Epoche und Form

5.1 Das bürgerliche Trauerspiel

Im Untertitel nennt SCHILLER sein Drama »Ein bürgerliches Trauerspiel« und stellt sich damit bewusst in die Tradition einer Gattung, die er zum Großteil übernimmt, aber selbst auch gestaltet. Der Begriff des *Trauerspiels* ist die deutsche Entsprechung des aus dem Griechischen stammenden Wortes *Tragödie,* der gehobenen Form der Dramatik, die einen tragischen Konflikt bis zum Scheitern der Helden gestaltet. In der Antike, in der Epoche des deutschen Barock und in der französischen Klassik war diese Form der Darstellung öffentlicher Handlungen, den ›Haupt- und Staatsaktionen‹ von Königen, Fürsten und Hochadel vorbehalten. Private Konflikte niedriger Standespersonen galten nicht als tragödienfähig und wurden in der Komödie dargestellt.

Das bürgerliche Trauerspiel bricht bewusst mit dieser Ständeklausel und den thematischen Beschränkungen und verlegt den Konflikt aus der höfisch-politischen Welt in die bürgerlich-private. Prosa und natürliche Rede lösen den Vers (Alexandriner, Blankvers) und das Pathos als Stillage tragödienfähiger Rede ab. In *KABALE UND LIEBE* ist die Verlagerung an der Wahl der Schauplätze festzumachen. Hauptschauplatz ist – nicht nur quantitativ – die Bürgerstube Millers: Hier beginnt die Exposition, hier haben die doppelte Peripetie und die Katastrophe ihren Ort. Dargestellt werden in erster Linie das tragische Schicksal der Bürgertochter Luise Millerin und ihres Vaters, daneben das des Aristokraten Ferdinand von Walter, ein scheinbarer Widerspruch zur Form. Der höfisch-politische Bereich ist trotzdem als Gegenwelt mit einbezogen. Auch kann die Verheiratung einer Mätresse als Staatsaktion aufgefasst werden. Die Perspektive ist jedoch eine andere: Es wird dargestellt, welche Auswirkungen eine solche Staatsaktion bis hinein in den privaten Bereich der bürgerlichen Familie hat. Hier löst sie die eigentliche Tragödie aus.

Da die Gegenwelt des Feudalabsolutismus mit der Darstellung privater Konflikte der Kritik ausgesetzt wird (vgl. 2.1.4, 2.2.2), ist das bürgerliche Trauerspiel auch eine hochpolitische Gattung. Auch historisch gesehen ist sie eng mit der wirtschaftlichen und politischen Emanzipation des Bürgertums verbunden. Die deutsche Aufklärung fand ihre formalen Vorbilder in der französischen, in Diderots *TRAGÉDIES DOMESTIQUES ET BOURGEOISES* (1757/1758), und in der englischen Literatur: Lillos *THE LONDON MERCHANT* (1731) gilt als erstes bürgerliches Trauerspiel. Lessings *MISS SARA*

Sampson (1756) ist das erste bürgerliche Trauerspiel in deutscher Sprache. Seine *Emilia Galotti* (1772) wird oft als mustergültiges Beispiel dieser Gattung herausgestellt. In der Aufklärung zeigt sich deutlich ein weiteres Merkmal der Gattung, nämlich die Verbreitung einer bürgerlichen Tugendlehre mit dem Ziel einer moralisch-aufklärerischen Belehrung und Besserung des Menschen, die nicht direkt, so doch über die Mitleidsfähigkeit des Zuschauers gelingen soll. In diesem Sinne ist – so der gegenwärtige Forschungskonsens[54] – auch der Begriff *bürgerlich* zu verstehen. Er deutet kein Revolutionsdrama des dritten Standes an, bürgerlich sind auch nicht immer die *dramatis personae*, sondern die Vorstellungen – auch die Ferdinands – mit dem Anspruch das ›Allgemeinmenschliche‹ zu repräsentieren.

In den bürgerlichen Trauerspielen des Sturm und Drang ist der politische und soziale Konflikt verschärft (vgl. 5.4.1). Schiller hat sowohl aus den Quellen der Aufklärung als auch des Sturm und Drang geschöpft. Daneben finden sich Elemente des *bürgerlichen Rührstücks* (Gemmingen, Schröder, Iffland etc.), einer dem Publikumsgeschmack angenäherten Nebenform des bürgerlichen Trauerspiels mit versöhnlichem Ausgang und einer kaum motivierten Überhöhung von Edelmut, Tugend und Entsagung. Die Entlehnung aus Gemmingens *Der deutsche Hausvater* ist nachgewiesen, der Einfluss des Mannheimer Schauspielers und Autors von Rührstücken, Iffland, ist in den Überarbeitungen und in der Bühnenfassung spürbar. Aus allen Vorbildern hat Schiller eine individuelle Ausprägung der Gattung geschaffen. Martini[55] und Huyssen[56] haben darauf hingewiesen, dass bei allen äußeren Auseinandersetzungen die Verlagerung des Konfliktes nach innen für das bürgerliche Trauerspiel neu ist, damit die innere Gefährdung des Bürgertums ebenso zur Debatte stehe wie der Konflikt mit der höfisch-aristokratischen Welt. Schiller erfüllt nicht den Topos des adeligen Verführers, die Liebesbeziehung zwischen Ferdinand und Luise ist wechselseitig. Zudem schafft er mit Wurm, Ferdinand und Lady Milford Grenzgänger zwischen der höfischen Welt und der bürgerlichen, die eine differenzierte Darstellung des Standeskonflikts (vgl. 2.2) ermöglichen.

5.2 Exposition und Konfiguration

Burger bezeichnet den ersten Akt von *Kabale und Liebe* als eine der glänzendsten Expositionen der deutschen Dramengeschichte,[57] ein Urteil, das die Forschung fast ungeteilt vertritt. Umstritten ist nur, ob auch der zweite Akt mit zur Exposition zu rechnen ist (vgl. Mat. 5) oder nicht. Diese Frage ist nur von der Funktion, die die Exposition übernehmen soll, und von einer näheren Begriffsbestimmung her zu beantworten.

Die Exposition, der Einleitungsteil der dramatischen Handlung, führt in das Stück ein, indem sie in auktorialer Figurenrede dem Zuschauer die Vorgeschichte vermittelt und die Konfiguration aufbaut, d. h. die Hauptpersonen, ihre Interessen und ihre Beziehungen zueinander vorstellt. Mit dem Beziehungsgeflecht wird der Zuschauer oder Leser auch meist in den oder die Konflikt(e) des Dramas eingeführt. Darüber hinaus werden Schauplätze und historische Zeit vorgestellt. Das alles wird vermittelt, während die Handlung auf der Bühne schon beginnt und selbst wieder als *erregendes Moment* Handlung initiiert. Asmuth unterscheidet deshalb einen engeren und weiteren Begriff der Exposition: Exposition im weiteren Sinne umfasse den Eröffnungsdreischritt von dramatischem Auftakt, eigentlicher Exposition und erregendem Moment.[58]

Der erste Akt von KABALE UND LIEBE führt in die Welt des Bürgertums und des Hofes (vgl. TA5) ein, die Vorgeschichte der Liebschaft wird erzählt, bevor die zentrale Hauptperson, Luise, die Bühne betritt. Die bürgerliche und die aristokratische Familie sowie der Hofmarschall und Wurm werden vorgestellt. Der Generationskonflikt, den Miller in der ersten Szene andeutet, ist in der siebten Szene voll entbrannt, der Standeskonflikt wird vornehmlich in I,3 und I,5 exponiert. Im Zentrum der Konstruktion steht aber der Beziehungskonflikt (I,4).

Rechnet man Lady Milford zu dem Kreis der Hauptpersonen und ihre Liebesgeschichte wesentlich zur Handlung des Dramas, so gehören zumindest die ersten drei Szenen des zweiten Aktes zur Exposition. In diesen wird auch der dritte Schauplatz, das Palais der Lady, zum ersten Mal gezeigt. Das Scheitern des ersten Versuchs, die Liebenden zu trennen, löst als erregendes Moment die eigentliche Kabale aus. Diese beginnt erst im dritten Akt.

5.3 Peripetie und Katastrophe

Die Haupthandlung von KABALE UND LIEBE hat zwei Ebenen, die äußere und die innere Handlung, die, eng aufeinander bezogen, dennoch deutlich geschieden sind. Die äußere Handlung ist die Geschichte der Kabale, die – nimmt man den ersten Versuch hinzu – mit dem zweiten Akt beginnt und mit dem vierten endet. Im ersten Akt wird sie als Thema kurz mit der Probe des Präsidenten (I,7) eingeführt, in der Katastrophe wirkt sie fort, ohne dass sie ihr eigentliches Ziel erreichen kann (vgl. 3.1). Die innere Handlung ist die Liebesgeschichte Ferdinands und Luises, die sich durch das ganze Drama zieht. Beide Stränge sind vielfach mit den Nebenhandlungen (Familiengeschichten, ›Liebesgeschichten‹ Wurms und Lady Milfords) verwoben und beide haben ihren eigenen Wendepunkt (Peripetie, Glückswechsel).

Die ›äußere‹ Peripetie ist der Umschwung von der Planung bis zur Durchführung der Kabale (III. Akt), im engeren Sinne findet sie sich in der sechsten Szene des dritten Aktes, in der die Kabale vollzogen wird. Mit dem Brief ist Luise in der Hand des Präsidenten und Wurms, sie können die Liebesbeziehung unterbinden. Die ›innere‹ Peripetie gestaltet SCHILLER bewusst zwei Szenen vorher: Sie besteht im Umschlagen der Liebeshandlung in eine ›Eifersuchtshandlung‹, und zwar unabhängig von der eigentlichen Kabale Wurms (vgl. 3.2).

Asmuth (vgl. Mat. 6, TA6) hat, ausgehend von Aristoteles, den Zusammenhang von Peripetie, Anagnórisis (Wiedererkennen) und Hamartia (Irrtum) näher dargestellt. Sowohl die innere als auch die äußere Peripetie fallen zusammen mit der Anagnorisis und einer erneuten Hamartia, die sich erst durch eine weitere Anagnorisis in der Katastrophe auflöst. Wurm ist dem Irrtum verfallen, dass er durch Vertrag und Machenschaften Luise gewinnen kann. In III,6 sagt sie ihm deutlich, dass sie ihn nie lieben wird. Wurm setzt nun alle Hoffnungen auf die Wirkung der Kabale, um am Ende zu erkennen, dass er mit dieser die Geliebte in den Tod getrieben hat. Bei Ferdinand ist der Zusammenhang deutlicher zu sehen. In seiner Hybris glaubt er die absolute Liebe gewaltsam verwirklichen zu können und muss in der Peripetieszene erkennen, dass Luises Entsagung dem entgegensteht. Da er ihr ein falsches Motiv unterlegt, wird er von einer erneuten Hamartia bis zur endgültigen Erkenntnis der Kabale in der Katastrophe bestimmt.

Die Tragik des Stückes entfaltet sich voll in der Katastrophe (gr. Wendung, Umsturz) des V. Aktes. **Verbrecherin, wohin ich mich neige!** (90), sagt Luise zu ihrem Vater. Obwohl sie sich für den Vater, die Pflicht und die Entsagung im Leben entscheidet, findet sie den Tod. Wie in den vorangehenden Kapiteln dargestellt, scheitern alle Hoffnungen der Hauptpersonen, der Väter, der Liebenden, des Intriganten Wurm. Jedoch über die Katastrophe hinaus stimmt die letzte Szene versöhnlich – mit dem Sieg der Idee einer höheren Gerechtigkeit (vgl. 3.4).

5.4 »Kabale und Liebe« als Drama des Sturm und Drang
5.4.1 Das Drama des Sturm und Drang

Der Beginn des Sturm und Drang, einer Bewegung der jungen Dichtergeneration am Ende des 18. Jahrhunderts, wird meist mit Herders JOURNAL MEINER REISE IM JAHRE 1769 (1769) angesetzt. Der Durchbruch zu einer breiten Öffentlichkeit gelang mit Goethes GÖTZ VON BERLICHINGEN (1773) und DIE LEIDEN DES JUNGEN WERTHER (1774). Das Jahr 1776 gilt als großes Dramenjahr, weil eine Reihe von wichtigen Dramen von Leisewitz, Klinger, Lenz, Wagner und Maler Müller erschien.

> [D]er dritte und letzte Höhepunkt des Sturm und Drang fällt erst in die frühen achtziger Jahre, in denen Schiller die drei Jugenddramen DIE

RÄUBER (1781), DIE VERSCHWÖRUNG DES FIESKO ZU GENUA (1783) und KABALE UND LIEBE (1784) veröffentlichte. Da Schillers Sturm-und-Drang-Phase erst fünf Jahre nach dem Dramenjahr 1776 einsetzte und auch geographisch und gruppensoziologisch vom Kreis um Goethe in Straßburg und Frankfurt getrennt verlief, hat man häufig von einem zweiten Dammbruch des Sturm und Drang gesprochen, wenn man nicht gar versucht hat, Schillers Entwicklung weitgehend vom Sturm und Drang zu trennen.[59]

Das Ende der Epoche wird oft mit dem Abschluss der ersten Weimarer Periode Goethes und mit dem Ende der Mannheimer Zeit SCHILLERS datiert.

Die bevorzugte Form des Sturm und Drang ist das Drama, in dem die junge Dichtergeneration am besten ihre extrovertierte Protesthaltung darstellen konnte gegen alle dogmatischen Autoritäten und starren politischen und sozialen Konventionen, die die Selbstverwirklichung des Individuums einschränkten. Auch wenn die Stürmer und Dränger Themen und Kritikpunkte der Aufklärung aufnahmen und weiterführten, zu den dogmatischen Autoritäten gehörte für sie auch die von der Aufklärung propagierte reine Verstandeskultur. Sie setzten die Emanzipation des Gefühls gegen die Herrschaft der Ratio.[60] Die Waffen der Kritik, die die Aufklärung geschmiedet hatte, wandten sich gegen sie selbst.

In KABALE UND LIEBE sind es vor allem Ferdinand, Luise und Lady Milford, die diese neue Gefühlskultur repräsentieren. Ihr Schlüsselwort ist das Herz als Metapher des subjektiven Gefühls, dessen Kraft gegen die rational geplante Kabale gesetzt wird, die Gefühlswahrheit gegen die sophistisch biegsame ›Wahrhaftigkeit‹. Mit Wurm und dem Präsidenten führt SCHILLER vor, wie die Verstandeskultur von den Gewalten des Feudalabsolutismus absorbiert und als Herrschaftswissen instrumentalisiert worden ist.

SCHILLERS scharfe Kritik an der Willkürherrschaft des Absolutismus und der Ständegesellschaft, eingehend dargestellt in den Kapiteln 2.1 und 2.2, ist ebenso epochentypisch (vgl. Goethe, GÖTZ, Klinger, DIE ZWILLINGE, Leisewitz, JULIUS VON TARENT, radikaler Lenz, DER HOFMEISTER, DIE SOLDATEN etc.) wie die Kritik an den einengenden Bedingungen der bürgerlichen Familie (Triebverzicht, Affektkontrolle, Patriarchat, Spießbürgertum) und Geschlechtsmoral (Goethe, GÖTZ, Wagner, DIE REUE NACH DER TAT, DIE KINDERMÖRDERIN, Lenz, DIE SOLDATEN etc.), die die Figuren in ihren Generations- und Geschwisterkonflikten austragen. Anders als die Aufklärung führte der Sturm und Drang die Kritik dicht an die Wirklichkeit heran durch die realistische, fast naturalistische Darstellung kleinbürgerlicher Mentalität und Lebensformen. So war diese Kritik nicht nur antihöfisch, sondern auch antibürgerlich, weil die Stürmer und Dränger gegen die Wirklichkeit, in der sich auch das Bürgertum eingerichtet hatte, ihre Utopie einer Gesellschaft der Freien und Gleichen setzte[61], eine

Utopie, an der nicht nur die Figuren, sondern auch ihre Schöpfer scheiterten. Letztlich kann man sagen, dass KABALE UND LIEBE sowohl im künstlerischen Ausdruck als auch in der politischen Intention zur Epoche des Sturm und Drang gerechnet werden kann.

5.4.2 Der ›große Kerl‹ und das ›Machtweib‹

Die Forderungen nach Selbstverwirklichung und Entfaltung der Persönlichkeit fanden in der Epoche des Sturm und Drang ihren Ausdruck in dem Begriff des Genies, der zusammen mit der Vorstellung von der Autonomie und Originalität der Kunst zum Zentralbegriff der Epoche wurde, sodass er zuweilen als Epochenbegriff (Genie-Zeit, Genie-Periode) zu finden ist. Das Genie ahmt nicht nach, sondern wirkt aus einer unergründlichen Schöpferkraft frei von gesellschaftlichen und metaphysischen Bindungen. **Wo Wirkung, Kraft, Tat, Gedanke, Empfindung ist, die von Menschen nicht gelernt und nicht gelehrt werden kann – da ist Genie [...] Genie – propior Deus [...]**, so eine Definition Lavaters in seinen PHYSIOGNOMISCHEN FRAGMENTEN (1778)[62]. Als Genie galt in erster Linie der Künstler, dessen Identifizierung mit Prometheus, der Ansatz der Divinisierung des Genies, auf Shaftesbury zurückgeht.[63] An kritischer Auseinandersetzung mit dem Geniebegriff hat es auch den Stürmern und Drängern nicht gefehlt – Shakespeare, allenfalls Goethe als Zeitgenosse wurden als Genies angesehen –, dennoch war dieses Selbstbild Ausgangspunkt einer Grundstimmung, ohne die man wahrscheinlich nichts Neues gegen die großen Widerstände hätte schaffen können. Einige Dichterbiografien zeigen die pathologische Seite des Geniekultes.

Auffällig ist, dass der Sturm und Drang keine Künstlerfiguren in seinen Dramen auftreten lässt. Hier sind es der *große Kerl*, der Naturmensch und *Selbsthelfer*, und das *Machtweib*, die das Genialische repräsentieren.[64] Götz, Karl Moor, von Brand u. a. bei Klinger sowie Faust sind solche Typen. Anhand des Faust hat Maler Müller den ›großen Kerl‹ zu rechtfertigen gesucht:

> Wenn Eigennutz und Eigenliebe die Maschine sind, die den Weltpuls im Gang halten – was Wunder dann, wenn der starke, große Kerl sein Recht nimmt, und wenn auch sein Mut ihn über die Welt hinaustreibt, ein Wesen zu suchen, das ihm ganz genügt – Es gibt Momente im Leben [...], wo der herrlichste beste Kerl, trotz Gerechtigkeit und Gesetze, absolut über sich selbst hinausbegehrt.[65]

Hybris und Selbstüberschätzung machen sie zu gebrochenen Typen, in ihrem Versuch, die Individualität gegen die Konventionen zu behaupten, scheitern sie fast ausnahmslos, so auch Ferdinand und Lady Milford in KABALE UND LIEBE. Ferdinands titanische Natur, die mehrfach herausgestellt wurde (Stellenliste, s. S. 88), zeigt sich nun als Spiegel des Zeitgeistes: **Richter der Welt!** Dort winseln Millionen Seelen nach dir – dorthin kehre das Aug' deines Erbarmens – Mich laß allein machen, Richter der Welt! [...] Das Mädchen ist mein! Ich einst ihr Gott, jetzt ihr Teufel! (73), proklamiert er im Prometheus-Monolog (IV,4). **Liebe – ist die Seele des Genies**[66], sagt Lavater in den *FRAGMENTEN*, aber sie schlägt auch schnell um in Zerstörung.

Lady Milford entspricht dem Typus des ›Machtweibs‹, wenn sie beispielsweise Luise droht: **Felsen und Abgründe will ich zwischen euch werfen; eine Furie will ich mitten durch euren Himmel gehn.** (80) Ebenso preist sie ihr **großes feuriges Herz** (27), das sich dem Hof anbieten musste, aber den Herzog beherrschte (85). Am Ende, in ihrem Abschiedsmonolog (IV,8), ist auch sie gebrochen, schwankend zwischen Niedergeschlagenheit und Größe: **Verkrieche dich jetzt, weiches leidendes Weib** [...] – **Großmut allein sei jetzt deine Führerin!** (82)

5.4.3 Natur und Gesellschaft

Alles in mir und außer mir ist nur Hieroglyphe einer Kraft, die mir ähnlich ist. Die Gesetze der Natur sind die Chiffren, welche das denkende Wesen verständlich machen. [...] **Ich bespreche mich mit dem Unendlichen durch das Instrument der Natur, durch die Weltgeschichte – ich lese die Seele des Künstlers in seinem Apollo.** [...] **Es gibt Augenblicke im Leben, wo wir aufgelegt sind, jede Blume und jedes entlegene Gestirne, jeden Wurm und jeden höheren Geist an den Busen zu drücken – ein Umarmen der Natur gleich unsrer Geliebten.**[67]

Diese wahrscheinlich in der Zeit der Entstehung von *KABALE UND LIEBE* von SCHILLER verfassten und 1786 als *THEOSOPHIE DES JULIUS* veröffentlichten Gedanken zur Natur zeigen Anklänge an eine naturmystische und pantheistische Gottes- und Naturvorstellung, die zum Teil auf Hamann zurückgeht.[68] Die (innere) Natur des Menschen und die (äußere) Natur der Welt fließen harmonisch zusammen. Die Liebe ist das ideale Organ, um die Identität von Subjekt und Objekt herzustellen. Dieser Naturbegriff, der das Ursprüngliche, Unverfälschte, Göttliche umfasste, ist Ausdruck eines Denkens, das die Epoche des Sturm und Drang bestimmte und die Basis sowohl für das Selbstverständnis als auch für die Gesellschaftskritik in dieser Zeit gab.

Das Genie des Künstlers sollte sich nicht in der Nachahmung der Natur (natura naturata) zeigen, sondern wurde selbst als Natur schaffende Kraft (natura naturans) angesehen. Durch die Neubewertung des Gefühlslebens und der Leidenschaften strebte man ein natürliches, ganzheitliches Menschenbild an. Wie die Naturwahrheit nicht weiter hinterfragbar zu sein schien und ein fragwürdiges Fundament einer eigenen Tugend abgab, galt die Natürlichkeit als ein Wert an sich. Gerade durch ihre Natürlichkeit wirkt Luise als positive Figur.

Die äußere Natur erscheint in KABALE UND LIEBE nur in den **arkadischen Erinnerungen** der Liebenden an ihr erstes Zusammentreffen (12 f., 104 f.) oder in den utopischen Fluchtvisionen Ferdinands (58 f.), in denen dieser seine Geliebte in die Wildnis führen will. Pantheistische Gottesvorstellungen fließen hier ein. In beiden Vorstellungen findet man Anklänge an die rousseausche Zivilisationskritik, die als positives Gegenbild das einfache, natürliche Leben darstellte. Lady Milford wählt einen entsprechenden Abgang, aber während des Stückes agieren die Personen in der ›Zivilisation‹, deren ganze Korruptheit und Verderbtheit im Hofmarschall konzentriert ist.

Politische Stoßkraft gewinnt der Naturbegriff, wie dargestellt, in der Naturrechtslehre, auf die die Personen häufig anspielen. Das Naturrecht, das die Aufklärung aus älteren Quellen wieder aufgenommen und neu formuliert hat, wird im Sturm und Drang deutlich als Naturrecht des Einzelnen herausgestellt, das in seiner Überhöhung wieder zum Geniebegriff und zum ›großen Kerl‹ zurückführt.

5.4.4 Sprache

Der Gegensatz von Natürlichkeit und Künstlichkeit lässt sich auch an der Sprache festmachen, vergleicht man beispielsweise die offene und direkte Sprache Millers mit der unnatürlichen Sprache des Hofmarschalls. Miller nennt die Dinge – z. T. recht derb – beim Namen, der Dialekt der schwäbischen Heimat fließt ein. Der Hofmarschall bewegt sich in gekünstelten Höflichkeitsfloskeln und in einem Vokabular der französischen Hofsprache. So ist häufig bemerkt worden, dass die Sprache ein Spiegelbild der sozialen Ordnung sei, in der die Liebenden (Luise, Ferdinand, Lady Milford) mit ihrer ›Sprache des Herzens‹ eine Sonderstellung einnähmen. Aber diese Soziolekte haften den Figuren nicht an, sondern sie (z. B. Ferdinand, Lady Milford) greifen in verschiedenen Situationen auf das jeweilige Repertoire zurück. Andererseits stellen sich die Hofsprache, vergleicht man Wurm und den Präsidenten mit dem Hofmarschall, und die Sprache des Kleinbürgertums, vergleicht man das Ehepaar Miller miteinander, nicht als homogene Einheiten dar. Binder hat deshalb das Sprachgeflecht des Stückes als einen **mehrdimensionalen Raum** interpretiert, indem er die soziale von der intellektuellen und moralischen Dimension abgegrenzt und die Sprache fast aller Figuren diesen Dimensionen zugeordnet hat.[69] Aus dieser Mehrfachzuordnung erklärt er die psychologischen Unwahrscheinlichkeiten des Dramas, wenn beispielsweise Luise zu räsonieren beginnt. Miller erfasst die

Wirklichkeit in Gemeinplätzen und Volksweisheiten, z. T. mit dem ökonomischen Vokabular seiner Berufswelt, Wurm und der Präsident mit der rationalen Sprache der Rechtswissenschaft. Die ›Sprache des Herzens‹, wenn die Liebenden zu ihr finden, baut eine eigene Wirklichkeit auf: **Daß du doch wüßtest, wie schön in dieser Sprache das bürgerliche Mädchen sich ausnimmt.** (14) Am Ende verändert die Wirklichkeit auch diese Sprache: **Ein entsetzliches Schicksal hat die Sprache unserer Herzen verwirrt.** (105) Auch die Sprache der Liebe, in der sich das Pathos Ferdinands von der Schlichtheit bzw. dem Verstummen Luises abhebt, lässt sich – wie in den Kapiteln 3 und 4 dargestellt – nach moralischen Kriterien bewerten.

Nimmt man Herders Sprachphilosophie als Ausgangspunkt, lassen sich die Sprachebenen abschließend grundsätzlich betrachten. Für ihn war die Sprache in ihrem ursprünglichen Stadium ganz Ausdruck der Gefühlswelt, tönende Natur, die mit der Zivilisation immer abstrakter und begrifflicher geworden sei: **Töne und Gebärden sind Zeichen von Leidenschaften und Empfindungen.**[70] Die Poesie erfasse wieder den Urzustand der Sprache, zu dem sich der Dichter einen Zugang bewahrt habe. Mit der Wertschätzung dieses Urzustandes geht im Sturm und Drang die Neubewertung von Volksdichtung und Volkssprache einher.

5.4.5 Schillers Dramentheorie in der Phase des Sturm und Drang

Obwohl SCHILLER in vielfacher Hinsicht in die Epoche des Sturm und Drang eingebunden war, blieb er doch in seinen theoretischen Äußerungen zu Drama und Theater und in der formalen Praxis stärker der Aufklärung verhaftet oder entwickelte eine eigene Konzeption, in deren Zentrum sein Aufsatz DIE SCHAUBÜHNE ALS EINE MORALISCHE ANSTALT BETRACHTET (1784) steht, den er ein Jahr später unter dem Titel WAS KANN EINE GUTE STEHENDE SCHAUBÜHNE EIGENTLICH WIRKEN? veröffentlichte. In dieser Publikation setzte er sich mit dem Drama der Griechen, aber vor allem mit den Wirkungsmöglichkeiten des Theaters auseinander.

Ein Grundzug des Sturm und Drang war seine Wendung gegen die normative Gattungspoetik und den **oktroyierten Geschmack**, durch die man sich in seiner Vorstellung vom Genialischen eingeengt fühlte. KABALE UND LIEBE zeigt, dass sich SCHILLER stärker der äußeren Form des aristotelischen Theaters verpflichtet fühlt. Dies ist nicht nur erkennbar an der präzisen Konstruktion des Aufbaus – Exposition, Peripetie, Katastrophe –, er hält sich auch weit gehend an die drei Einheiten, an die Handlung als zusammenhängenden Geschehensablauf (mythos), an die Einheit des Ortes, die schon im Barock im Sinne von *Schauplatz, Ortschaft* ausgelegt wurde, und an die Einheit der Zeit, die im Laufe der Dramengeschichte auf 2 Tage (wie im Drama) ausgedehnt wurde.[71] In entscheidenden Szenen erfüllt er sogar die Dreipersonenregel der französischen Klassik. Das ist das Ergebnis einer Entwicklung, die SCHILLER in den frühen 80er Jahren durchmachte. Während er mit den RÄUBERN noch eine **dramatische Geschichte** schreiben wollte und sich gegen die **engen Pallisaden** des aristotelischen und französischen Theaters aussprach, kritisierte er ein Jahr später die in der Nachfolge Shakespeares unterlaufenen **Ausschweifungen,** die Vermischung des Epischen, Dramatischen und Lyrischen, der Komödie und Tragödie. Obwohl gerade sein letzter Kritikpunkt – man bedenke die Auftritte Millers und des Hofmarschalls – nicht ganz ausgeräumt ist, fand SCHILLER in seinen Überarbeitungen von KABALE UND LIEBE, stärker als Goethe und Lenz, zurück zur Geschlossenheit der Form, zur Harmonie und Symmetrie als Formprinzipien, zum **theatralischen Drama.** (Zitate vgl. Mat. 7a und 7b).

Auch hinsichtlich SCHILLERS Einschätzung der Wirkungsmöglichkeiten des Theaters zeigen sich Widersprüche in seinen frühen dramaturgischen Schriften. Während er in seiner Schrift ÜBER DAS GEGENWÄRTIGE TEUTSCHE THEATER (1789) noch von einer großen Skepsis, vor allem gegenüber Lessings Wirkungskonzept des Mitleids als sich fühlender Menschlichkeit, geprägt war, strotzt sein SCHAUBÜHNENAUFSATZ vor Optimismus, dass die Bühne **tiefer und dauernder als Moral und Gesetze** wirken könne (vgl. Mat. 7c und 7d). Der Gegensatz hebt sich zum Teil auf, weil er im ersten Aufsatz die höfische Bühne und ihre Peripherie vor Augen hatte, im zweiten das deutsche Nationaltheater, so wie er es in Mannheim vorfand und – über Lessing hinausgehend – weiterentwickeln wollte. Hier wollte er mithilfe der Darstellung auf der Bühne die öffentliche und private Moral bessern, durch Bildung der Sitten und Aufklärung des Verstandes. Das klingt ganz aufklärerisch. In diesem Sinne ist auch das Wort *moralisch* im Titel verstanden worden. Es geht ihm aber nicht um unvermittelte Besserungsdramatik: **Im Einzelhelden selbst vielmehr gestaltet Schiller die Dialektik von Gut und Böse.**[72] Inwieweit er damit die Frage der Theodizee, d. h. die Frage, ob das Theater die Aufgabe habe, die höhere Gerechtigkeit der göttlichen Ordnung auf der Bühne wiederherzustellen, einbezieht,[73] ist umstritten. Ansatzpunkte dieser Auffassung finden sich sowohl in KABALE UND LIEBE (vgl. 3.4) als auch in einigen Formulierungen des SCHAUBÜHNENAUFSATZES. Ebenso offensichtlich ist jedoch die scharfe Sozialkritik, die ihn, nimmt man einige Wendungen zum Geniegedanken hinzu, deutlich als ›Stürmer‹ und ›Dränger‹ ausweist. Die Idee der Nationalbühne ist antihöfisch, bürgerlich geprägt, und an den Griechen schätzt er die politische Funktion ihres Theaters. Nicht zuletzt bekennt er sich am Ende, emphatisch vorgetragen, zu einer gesellschaftlichen Utopie, die Wirklichkeit werden soll und die sich der Unnatur einer Gesellschaft entgegenstellt, in der die Gerechtigkeit verblendet ist, der **Frevel der Mächtigen** ungesühnt bleibt und der Einzelne, der sich ihr nicht beugt, scheitern muss.

5.4.6 »Kabale und Liebe« und »Emilia Galotti«

In diesem Kapitel können nicht die vielfältigen Entlehnungen SCHILLERS von der Thematik über die Charaktere bis hin zu einzelnen Bildern behandelt werden. Die beiden Dramen sollen vielmehr kurz als Repräsentanten ihrer Epochen betrachtet werden; das sie Unterscheidende steht also im Vordergrund.

Auffällig ist zunächst, dass LESSING in *EMILIA GALOTTI* mit dem Auftreten des Prinzen den Fürsten direkter angreift, aber gleichzeitig diesen Konflikt durch die räumliche und zeitliche Distanz wieder entschärft. KABALE UND LIEBE spielt dagegen in der Residenzstadt eines zeitgenössischen deutschen Fürsten, der zwar nicht auftritt, aber übermächtig im Hintergrund steht. Die Absolutismuskritik wird vehementer vorgetragen und greift auch die Legitimationsgrundlagen der Staatsform an. Von der trügerischen Hoffnung der Aufklärer, die Fürsten bessern zu können, ist nur die Anklage erhalten. Der Ständekonflikt in *EMILIA GALOTTI* zeigt sich nur im Gegensatz der höfischen und einer diffusen gegenhöfischen Welt – der Streit um den sozialen Status Odoardos ist hier ein Indiz –, während SCHILLER ihn in *KA-BALE UND LIEBE* realistischer und sozialkritischer im Kleinbürgertum lokalisiert und die Kritik mit dem korrumpierten Sekretär und dem in altständischem Denken verharrenden Musikus auf das Bürgertum selbst ausdehnt.

Neu ist vor allem die von der Rolle des adeligen Verführers freigesprochene Figur des Ferdinand, der einen viel grundsätzlicheren Konflikt in das bürgerliche Trauerspiel hineinträgt, den Konflikt zwischen den Autonomieansprüchen des Einzelnen und den Forderungen der Gesellschaft. In der Aufklärung **hatte das Generelle Vorrang vor dem Individuellen gehabt, die allgemeine Vernunft oder das Menschheitliche, das an deren Stelle getreten war, vor dem einzelnen Gefühl und der isolierten Perspektive des Subjekts.**[74] Der ›große Kerl‹ widersetzt sich den Anforderungen und Normen der Gesellschaft, die in *EMILIA GALOTTI* noch ihre Gültigkeit haben, und begreift das Naturrecht des Einzelnen als einen höheren Wert. Sichtbar wird dies an den Generationskonflikten. Für Emilia war es keine Frage, sich der Familie unterzuordnen, für Ferdinand und Luise ist die patriarchalische Familie als eine erstarrte Form aber zum Problem geworden, sie setzen ihren Lebensplan und ihre Ansprüche auf Ich-Autonomie dagegen. Vielleicht wirkt *KABALE UND LIEBE* heute moderner, weil sie scheitern, weil das Stück ein Grundproblem anspricht, die Utopie einer Synthese von Autonomie und gesellschaftlicher Bindung vorstellt, Fragen aufwirft, ohne ›Patentlösungen‹ anbieten zu können.

6 Thema ›Rezeption‹: Das Drama in der Literaturkritik und auf der Bühne

6.1 Literaturwissenschaftliche Rezeption

Die wissenschaftliche Rezeption nach 1945 zeigt eine Forschungskontroverse zwischen einem primär politisch-soziologischen und einem primär metaphysischen Ansatz, die ins Grundsätzliche geht. Offenbar, so eine Bemerkung von Herrmann/Herrmann, ist KABALE UND LIEBE besonders geeignet zur Austragung dieses Methodenstreites,[75] vielleicht ein Merkmal literarischer Qualität. Die meisten Interpretationen des metaphysischen Ansatzes, in dem ethisch-theologisch und anthropologisch-existenzialistisch orientierte Deutungen zusammengefasst werden sollen, fallen in die 50er Jahre. Das ist als Spiegelbild des Zeitgeistes gedeutet worden, trifft auf den anderen Ansatz aber in gleicher Weise zu. Beide Ansätze finden gewichtige Belege im Text, was die These der im Titel angekündigten Polarität stützt. So stellt Burger fest, dass **die Liebe aus dem Mittel der Darstellung zum Zweck, das Politische aus dem Zweck zum Mittel verkehrt**[76] sei. Die jeweilige Gewichtung ist durchgängig zu beobachten.

Die metaphysische Deutung nach 1945 beginnt mit Wilkinsons (1945) Auffassung, *KABALE UND LIEBE* sei eine Tragödie der unbedingten Liebe, in der die soziale Problematik nur eine untergeordnete Rolle spiele. Martini (1952) stellt zwar die **Spannung zwischen geschichtlich-ständischer Wirklichkeit und religiöser Transzendenz** fest, letztlich liege aber **[n]icht allein im Gegensatz der Stände, vielmehr in der pessimistischen Erfahrung der psychologischen Gebundenheit des Menschen**[77] die Tragik des Stückes. Entsprechende anthropologisch-existenzialistische Deutungen finden sich bei Müller-Seidel (1955) und Beck (1955), die beide die Unvereinbarkeit von unbedingter Idee und bedingter Wirklichkeit als Tragödie menschlichen Handelns herausstellen. Binder (1958) überträgt den schon in den frühen Schriften SCHILLERS angelegten Begriff der *sentimentalischen Entfremdung* auf das Trauerspiel und deutet es als Tragödie des endlichen Menschen, Luises Entsagung **als die religiöse Urentscheidung des Menschen, seine Endlichkeit anzunehmen.**[78] Entsprechend interpretiert Burger (1963) die Tragik als **Gegeneinander von Eros und Nomos.** Darin erschließe sich **eine tiefe metaphysische Wahrheit über den Menschen.**[79] Einige Verwandtschaft mit diesen Ansätzen zeigt die eher literaturgeschichtliche Interpretation Koopmanns (1979), die den Gegensatz zwischen dem Allgemeinen und dem Einzelnen herausarbeitet und die Familie als **soziale Urordnung** herausstellt. Deutlicher religiös deuten Storz (1959) und von Wiese (1959) – und in ihrer Nachfolge Guthke (1979) – *KABALE UND LIEBE* vom Ende her als Theodizee, als Darstellung des Sieges der überirdischen Gerichtsbarkeit, das **theologische Anliegen** SCHILLERS betonend.[80]

Die politisch-soziologische Deutung beginnt mit Korff (1923), der *KABALE UND LIEBE* als bürgerliches Freiheitsdrama auffasst. Auerbach (1946) und Kraft (1966), obwohl dieser primär die dichterische Form darstellt, stehen in dieser Tradition: Kritik des Feudalabsolutismus statt Apologie des *Nomos*: **Luise fällt in die Schuld, indem sie Ferdinand freiwillig und endgültig aufgibt, um die Ordnung zu retten.**[81] Daneben findet sich die auf Mehring (1894) zurückgehende marxistische Auslegung des Trauerspiels als Klassenkampfdrama, die das Stück weit gehend von der Kammerdienerszene her betrachtet. Die neuesten überzeugenden Deutungen von Janz (1976) und Huyssen (1980) streben eine Synthese bzw. Aufhebung der antithetischen Ansätze an, indem sie scheinbar heterogene ökonomische, soziale, ethische und religiöse Gehalte in ihrem Zusammenhang darstellen. Beide Deutungen arbeiten, auf Habermas (1969) und Szondi (1973) aufbauend, die Historizität und die gesellschaftliche Gebundenheit der Wertvorstellungen heraus. Beispielsweise stellt Janz die These auf, dass **die jeweilige Inanspruchnahme des Himmels noch sozial vermittelt**[82] sei. Auch **[d]ie Unbedingtheit der Liebe selbst ist,** so Huyssen, **bei Ferdinand und Luise in jeweils unterschiedlicher Weise gesellschaftlich vermittelt und führt unweigerlich zur Katastrophe.**[83] Die Perspektive der Interpretationen rechtfertigt die Zuordnung zu den soziologischen Ansätzen.

Die gesellschaftlichen und politischen Bedingungen sind – wie eingangs behauptet – die conditio, dass die Liebe zum Problem wird. Aber erlaubt diese Feststellung den Umkehrschluss, dass, so Kraft, **[w]enn es die Ständeordnung nicht gäbe, Luise nicht scheitern [würde]?**[84] Ist Liebe nur ein Produkt gesellschaftlicher Verhältnisse? Die ältere Forschung hat historisch entstandene Wertvorstellungen und Sozialformen zur metaphysischen Qualität erhoben und zum verpflichtenden Interpretationsziel erklärt. Die Deutung des Dramas als Theodizee ist eine Glaubensfrage. Die Festschreibung von Patriarchat und Feudalabsolutismus oder bürgerlicher Gesellschaft als Nomos ist eine Vorstellung, die die Evolution von Geschichte negiert. Das schließt nicht aus, dass es unmöglich ist, den Gegensatz von Historizität und Zeitlosigkeit aufzuheben, **das Drama gerade auch in seinem überhistorischen Anspruch als historisches ernstzunehmen.**[85] Die Interpretation muss das Geschichtliche herausarbeiten und in Sachurteilen zusammenfassen. So wird Gegenwart verständlich. Vermittelte Wertvorstellungen müssen erkannt werden und können Teil des eigenen (nicht allgemein gültigen) Werturteils werden, an dem die Aussage und die Figuren des Dramas zu messen sind. So ist es möglich, Wertmaßstäbe auch für die Gegenwart zu gewinnen, die im allgemeinen Diskurs zu intersubjektiver Geltung gelangen können. Gibt es darüber hinaus das Allgemeinmenschliche, Probleme der menschlichen Existenz, die der Geschichtlichkeit enthoben sind? Der Tod, die Liebe, der Mensch als Zoon politikon – SCHILLER stellt sie dar. Gerade den letzten Punkt haben die Sozialpsychologie und Habermas (1976) in seiner ›Universalpragmatik‹ unter der Perspektive der universalen [!] Bestandteile interaktiver Kompetenz untersucht und damit Grundlagen eines neuen Menschenbildes geschaffen (vgl. 4.4).

Zusammenfassend kann man sagen, dass *KABALE UND LIEBE* als ein Reflex SCHILLERS auf die politische und soziale Wirklichkeit seiner Zeit aufzufassen ist, der durch die Forderungen der literarischen Form mehrfach gebrochen wird. Trotz der Nähe zur Französischen Revolution ist es kein Revolutionsdrama[86], aber mit seiner direkten und durch die Utopie vermittelten, indirekten Zeitkritik ist das Drama Teil eines gesellschaftlichen Wandels, der bis in unsere Gegenwart reicht. Gleichzeitig ist *KABALE UND LIEBE* eine komplexe Antwort auf den ideengeschichtlichen und literarischen Zeitgeist und auf existenzielle Fragen, die sich Schiller stellten. Letztlich sind auch – so profan das erscheinen mag – Theatralität und Ökonomie Triebfedern des Schreibens. *KABALE UND LIEBE* sollte spielbar sein, damit SCHILLER seinen Lebensunterhalt bestreiten konnte.

6.2 Das Drama auf der Bühne

Die von SCHILLER erarbeitete Bühnenfassung ist im *MANNHEIMER SOUFFLIERBUCH*[87] erhalten. Sie zeigt, dass SCHILLER auch Kompromisse mit den politischen Verhältnissen und dem Publikumsgeschmack schließen musste. Das Pathos der Sprache ist gemildert, der Ton und die Charaktere den bürgerlichen Rührstücken angenähert. Zudem musste SCHILLER Rücksicht auf die kirchliche und staatliche Zensur nehmen. Auffällig ist, dass der versöhnliche Schluss und die Selbstbezichtigung des Präsidenten gestrichen sind, damit auch offen bleibt, ob Wurms Geständnis für die Anklage gegen den Präsidenten hinreicht. Die Inszenierung in Mannheim nahm SCHILLER selbst vor, da dies zu seinen Vertragsverpflichtungen gehörte. Nach Frankfurt und Mannheim folgten weitere Aufführungen in ganz Deutschland. In Stuttgart ließ der Herzog das Stück nach der ersten Aufführung verbieten, in Wien wurde es zu Lebzeiten SCHILLERS nicht aufgeführt. Auch in Mannheim ließ Karl Theodor von der Pfalz *KABALE UND LIEBE* nach den ersten Erfolgen absetzen. Persönliche Auseinandersetzungen und innenpolitische Verwicklungen führten schließlich zur Entlassung SCHILLERS zum 1. September 1784. Der Erfolg der ersten Aufführungen kann nicht darüber hinwegtäuschen, dass das Trauerspiel insgesamt eine geteilte Aufnahme fand. Das Kleinbürgertum war an dem politischen Gehalt weniger interessiert und bevorzugte die bürgerlichen Rührstücke. Das Bildungsbürgertum hatte entweder grundsätzliche Vorbehalte, vergleichbar den Verrissen des Spätaufklärers Karl Philipp Moritz,[88] oder störte sich an der verbliebenen Überhöhung durch die pathetische Sprache. Die klassischen Werke verdrängten bis Ende des 19. Jahrhunderts KABALE UND LIEBE weit gehend von der Bühne. Erst das 20. Jahrhundert macht es, beginnend mit den Max-Reinhardt-Inszenierungen (1904–1931)[89], zu den meistgespielten und zugkräftigsten Stücken der deutschsprachigen Bühne.

Die Aufführungen nach 1945 sind ein Spiegelbild der literaturwissenschaftlichen Auseinandersetzung um das Stück. **Nicht als Regie-Experiment, sondern als Wiedereroberung der inhaltlichen Substanz** ist eine der ersten Aufführungen am Deutschen Theater Berlin (1946) rezensiert worden. Die **Gefühlsgewalt**, die Privatheit der Liebe und die ethisch-religiösen Deutungen stehen im Vordergrund. Entsprechendes gilt für die Aufführungen der Salzburger Festspiele (1955), der Kammerspiele Hamburg (1959) und der Ruhrfestspiele Recklinghausen (1963): **Theater als moralische Anstalt,** die das **Sprach-Kunstwerk** als Darstellung **außerweltlicher Instanzen** auf die Bühne bringt. Die Kortner-Inszenierung in den Kammerspielen München (1965) war so polar angelegt wie das Publikum reagierte: **die sozialen Gegensätze** [...] **übersteigert,** aber auch Darstellung **abgründiger menschlicher Verlorenheit.** Mit der Hollmann-Inszenierung, Schiller-Theater Berlin (1969), beginnt die plakative Rekonstruktion von KABALE UND LIEBE als **Revolutionsstück Schillers,** die von den Aufführungen der 70er-Jahre (z. B. Schauspielhaus Düsseldorf, 1977) weitergeführt wird. Daneben wird in der Mitte des Jahrzehnts die Subjektivität des Sturm und Drang als neue Innerlichkeit entdeckt: **die Gefühlswelt wird sichtbar gemacht,** die **Unmöglichkeit, Köpfe und Herzen zusammenzubringen,** wird dargestellt. Einige Aufführungen (Deutsches Theater Berlin, 1972, Schauspiel Köln, 1976, Schauspiel Ulm, 1981, Schauspiel Konstanz, 1983) setzen hier ihren Schwerpunkt oder stellen die psychischen Seiten des Generationskonfliktes sowie die erotischen und pathologischen Bedingungen des Liebestodes heraus (Schauspiel Bonn, 1993).[90]

Unterrichtshilfen

1 Didaktische Relevanz

SCHILLERS *KABALE UND LIEBE* ist seit Schülergenerationen bis heute ein Schulklassiker, der durch die neuere, sozialgeschichtliche Deutung wieder an Aktualität gewonnen hat, erkennbar auch an der Aufnahme von Auszügen des Dramas – meist aus dem I. Akt oder aus der Kammerdienerszene – in Mittelstufenlesebücher bzw. in Kursmaterialien für die Oberstufe.

Unumstritten ist die literarische Qualität des Dramas in formaler, inhaltlicher und sprachlicher Hinsicht, sodass es besonders geeignet erscheint, die fachspezifischen Lernbereiche des Faches Deutsch zu erarbeiten. Ebenso unbestritten ist die literaturgeschichtliche Bedeutung dieses Dramas. Es bildet den Abschluss der Epoche des Sturm und Drang mit starken Bezügen zur Aufklärung. Zusammen mit SCHILLERS Theatertheorie zu Beginn der 80er Jahre ist es auch bedeutsam für die deutsche Dramen- und Theatergeschichte, formal dem aristotelischen Theater verhaftet, zugleich der Dramatik des Sturm und Drang verbunden. Vielschichtig und interessant wie die literaturgeschichtliche Einordnung ist auch seine Rezeptionsgeschichte von der religiös-metaphysischen Deutung bis hin zur Auslegung als Klassenkampfdrama. Bis heute ist *KABALE UND LIEBE* eines der meistgespielten Dramen SCHILLERS.

Geschichtlich interessierte Schüler finden leicht den Zugang über die zeitgeschichtlichen Bezüge des Stückes. Wer sich beklagt, dass die historische Distanz diesen Zugang für den Großteil der Schüler verstelle, verkennt, dass sie andererseits auch die Chance der diachronen Betrachtung bietet: Was ist heute nicht mehr so? Was ist übertragbar? Finden sich die Wurzeln unserer heutigen politischen und gesellschaftlichen Wirklichkeit in dem Drama wieder? Gerade die Erkenntnis der Genese der bürgerlichen Gesellschaft, ihres Wertesystems und der Familienformen kann die Gegenwart verständlich machen und eine Grundlage für Identifikation und/oder Kritik anbieten. Dass sich Literatur mit der gesellschaftlichen und politischen Wirklichkeit auseinander setzt, Kritik übt, Gegenbilder und Utopien vorstellt, ist in der Gegenwart ebenso zu finden wie in der Epoche des Sturm und Drang. Die Frage, ob überhaupt und wenn, inwieweit Literatur diese Wirklichkeit verändern kann, ist eine zeitlose.

Die in Umfragen und im Unterrichtsgespräch ermittelte Primärrezeption zeigt, dass Schüler der Liebesgeschichte und dem Generationskonflikt besondere Bedeutung beimessen, dass offenbar dies die thematischen Bezüge sind, die sich zur Identifikation mit den handelnden Personen anbieten. Hineindenken können Schüler sich auch in die Konfliktsituation zwischen den individuellen Interessen und den vorgegebenen gesellschaftlichen Normen. *KABALE UND LIEBE* entwirft darüber hinaus ein Bild vom Menschen, das diesen sowohl in hybrider Selbstüberschätzung, in absoluter Skrupellosigkeit und Eitelkeit, als auch in selbstbeschränkender Entsagung, voller Verantwortung und wahrhaft mitleidend zeigt. Damit verbunden stellt das Stück die Frage nach der Selbstverwirklichung in sozialer Verantwortung, wie Menschen Identität gewinnen können, und zwar von der Forderung nach autonomer Ich-Identität bis hin zur völligen Rollenkonformität. Die ethischen und religiösen Konflikte, die die Personen austragen, können für die Schüler den Ansatzpunkt für die Auseinandersetzung mit dem eigenen Wertesystem bilden. Nicht zuletzt ist der Schüler Rezipient oder Konsument vielfältiger dramatischer Formen (Hörspiel, Fernsehspiel etc.), die mit Vorkenntnissen der Form und Vermittlungsweisen besser zu erschließen und bewusster zu genießen sind. Nicht zu vergessen ist der/die Schüler(in)/Theaterbesucher(in) der Zukunft.

2 Lernvoraussetzungen und Einbettung in übergreifende Sequenzen

KABALE UND LIEBE wird vornehmlich in der Sekundarstufe II gelesen, teilweise aber auch schon in der 9. oder 10. Klasse der Sekundarstufe I. Die beiden im Folgenden vorgestellten Reihen ergänzen einander: Zum Teil können – mit einiger Reduktion – Stunden der Oberstufenreihe in die Unterrichtsreihe der Mittelstufe integriert oder vorgeschlagene produktionsorientierte Vorhaben in den Oberstufenunterricht eingebettet werden.

Das Drama kann in der Sekundarstufe II auf vielfältige Weise in übergreifende Sequenzen einbezogen werden: 1. Schwerpunkt Form: Einführung in das Drama/Das bürgerliche Trauerspiel (Lessing: MISS SARA SAMPSON – SCHILLER: KABALE UND LIEBE – Hebbel: MARIA MAGDALENA). 2. Schwerpunkt: Bürgerliches Selbstverständnis im Drama (Lessing: EMILIA GALOTTI – Lenz: DER HOFMEISTER – SCHILLER: KABALE UND LIEBE). 3. Schwerpunkt Biografie: Eine Sequenz mit lyrischen, epischen und dramatischen Texten SCHILLERS, die seinen Werdegang vom ›Stürmer und Dränger‹ zum Klassiker aufzeigen können. 4. Schwerpunkt: Thema Liebe und Generationskonflikt: Eine Sequenz mit Liebeslyrik, Kurzgeschichten und Romanauszügen bis hin zur Trivialliteratur sowie expositorischen Texten. 5. Die vorgeschlagene Unterrichtsreihe ist eingebunden in eine literaturgeschichtliche Sequenz mit dem Kursthema: Die Aufklärung und ihre Gegenbewegung (Weiterführung) des (im) Sturm und Drang, die aus drei Unterrichtsreihen besteht: a) Die Lyrik der Aufklärung und des Sturm und Drang im Vergleich (z. B. Gleim, ANAKREON, Uz, DER SCHÄFER, von Hagedorn, ANAKREON, Goethe, AN DEN MOND, Schubart, DIE FÜRSTENGRUFT, SCHILLER, DIE SCHLIMMEN MONARCHEN), b) Das bürgerliche Trauerspiel der Aufklärung und des Sturm und Drang: EMILIA GALOTTI – KABALE UND LIEBE, c) Die Epochendiskussion in Poetik und Literaturwissenschaft.

Die geschichtlichen Kenntnisse zum Verständnis des Dramas werden z. T. in der Reihe erarbeitet, darüber hinausgehende sind selbstverständlich von Vorteil. Für die literaturgeschichtliche Einordnung ist es notwendig, dass die Schüler einen Überblick (eventuell anhand eines Basistextes eines Handlexikons oder einer Literaturgeschichte für Schüler) über die Epoche des Sturm und Drang haben. Vorausgesetzt werden Kenntnisse der Dramentheorie der aristotelisch-klassizistischen Tragödie. Die Grundzüge des bürgerlichen Trauerspiels sind den Schülern aus der Interpretation der EMILIA GALOTTI bekannt.

Für eine sinnvolle Eingangsdiskussion über die erste Rezeption des Werkes und für das Gelingen der thematischen Längsschnitte ist es unerlässlich, dass die Schüler mit dem Beginn der Reihe das Stück ganz gelesen haben.

In der Sekundarstufe I wird der oben genannte vierte Schwerpunkt eine besondere Rolle spielen. Für die Einbettung in die übergreifenden Sequenzen *Liebe* und *Generationskonflikt* bieten Lese- und Sprachbücher eine Fülle von Material an: Liebeslyrik (z. B. Hofmannsthal, DIE BEIDEN, Kaschnitz, AM STRANDE, Maiwald, BALLADE, Brentano, FRÜHES LIEDCHEN, Stramm, DEIN LÄCHELN, Manz, ALLTÄGLICHES DRAMA) und Ausschnitte aus der Trivialliteratur (Mitchell, VOM WINDE VERWEHT, Courths-Mahler, ICH DARF DICH NICHT LIEBEN, Segal, LOVE STORY, Marquart, DER FRAUENARZT VON BISCHOFSBRÜCK) können zu einer Sequenz zusammengestellt werden. Auch eine Anbindung an themenverwandte Jugendbücher (z. B. Levoy, ADAM UND LISA, Günther, DIE REISE ZUM MEER, Kuipers, PLÖTZLICH IST ALLES ANDERS) ist möglich und sinnvoll. Abgedruckte und selbst erstellte Schülerprodukte (z. B. die Umarbeitung eines Liebesgedichtes) sowie Sachtexte sollten zur Ergänzung herangezogen werden. Einige Jugendbuchautoren rücken auch Generationskonflikte ins Zentrum ihrer Erzählungen (z. B. Rinkoff, EINMAL UM DEN HÄUSERBLOCK, Finne, FAMILIENKRIEG). Themen wie *Erwachsen werden, Lebensentwürfe* und *Selbstfindung* (z. B. expositorische Texte, Untersuchen und Verfassen von Kontaktanzeigen, der ›Wunschlebenslauf‹) können hier angeschlossen werden. Natürlich bieten sich ebenfalls für die klassischen Aufsatzformen wie Schilderung, Inhaltsangabe und Interpretationsversuch Ansatzpunkte der Verknüpfung. Das Drama könnte auch in eine kleine Reihe *Theater heute* eingebunden werden.

3 Unterrichtssequenzen in der Sekundarstufe II (Grund- und Leistungskurs)

Die folgenden, in der Unterrichtspraxis erprobten Reihen orientierten sich weit gehend an den Themenbereichen der Interpretation, sodass die entsprechenden Abschnitte der Interpretation als Gegenstandsanalysen gelesen werden können. Je nach Einbettung in übergreifende Sequenzen können die einzelnen, thematisch zusammengefassten Unterrichtseinheiten selektiv genutzt werden. Die Abfolge der Themenkomplexe ist natürlich veränderbar (z. B. *Form – Kabale – Liebe – Geschichte* etc.), die hier gewählte orientiert sich teils an sachlichen Notwendigkeiten, teils an den festgestellten Lernschwierigkeiten, sodass sich mit der Abfolge der Stunden eine Progression der Leistungsanforderungen ergibt. Sachlich notwendig ist m. E. eine frühzeitige Aufhebung der historischen Distanz (im Wechsel von Primär- und Sekundärtext), damit die Bedingungen der Handlung deutlich werden. Die befragten Schüler sahen meist allein in der Intrige und im Ständekonflikt den Grund für das Scheitern der Liebesbeziehung. Die Ergründung des eigentlichen Beziehungskonfliktes erfordert einige Abstraktionsfähigkeit. Die formale Beschreibung des Dramas wird nachgetragen, damit die einzelnen Formelemente vom Inhalt her erfasst werden können. Die ›Versinnlichung‹ des Dramas auf der Bühne, seine Theatralität, soll in einer eigenen Einheit behandelt werden. Der Bezug zur Darstellung auf der Bühne mit ihren literaturexternen Forderungen ist aber schon in einzelnen Phasen der Stunden (Einstieg mit einem Bühnenbild, Bühnenbildentwürfe als Illustration von Deutungsansätzen, Erläuterung von Regieanweisungen und deren Umsetzung, Erwägungen, wie bestimmte Textstellen gesprochen werden müssten etc.) immer mit einbezogen. Die Stunden der Unterrichtsreihe sind so angeordnet, dass sich weit gehend die Fragestellung der Folgestunde aus der vorangehenden ergibt oder zumindest Anknüpfpunkte gegeben sind. Aus der Nummerierung der Leistungskursstunden wird ersichtlich, wo diese eingefügt werden sollen (10 LK nach 10).

Die geplanten Reihen verzichten auf eine textlineare Erarbeitung des Dramas, vielmehr wird ein Wechsel von textintensiver Interpretation exemplarischer Stellen (Szenenteile) mit thematischen Längsschnitten angestrebt. Die erste Form soll die Analyse- und Interpretationsfähigkeit der Schüler fördern, die zweite immer wieder den Überblick, die Gesamtschau herstellen. Die Längsschnitte werden entweder gelenkt durch die Erarbeitung bzw. Vorgabe (Zeitökonomie, Umfang der Vorbereitung) von Stellenlisten oder durch freie Themen und Sekundärtexte, die (z. T. arbeits- und stoffteilig) deduktiv angewendet werden sollen. Das bedeutet z. T. einen mehrfachen Zugriff auf bestimmte Textpassagen (z. B. *politisch – Familie – Thema Liebe*), der die Perspektivität von Interpretationen erkennen lässt. Die exemplarische Analyse arbeitet die Vielschichtigkeit im Rück- und Vorgriff heraus. Diese Verfahrensweise soll in verschiedenen Aktions- und Sozialformen durchgeführt werden.

Innerhalb der Themenkomplexe ist es für Schüler möglich, selbst lenkend mitzugestalten. Darüber hinaus deckt ein solcher Lehrgang selbstredend nur einen Teil des Textes und der Fragen der Schüler an den Text ab. Umfragen zu Beginn der Einheit *(Folgende Textstellen – Szene/Seite – sollten interpretiert werden, a) weil sie mir völlig/teilweise unverständlich sind …, b) weil ich sie für die Gesamtaussage wichtig finde …; Schillers Drama ist (nicht) schwer zu verstehen, weil …)* zeigen oft an, wie eine Planung zu modifizieren ist. Zudem haben sich besondere ›Fragestunden‹, in denen Schüler ihre Textstellen, ihre Fragen ins Zentrum stellen können, als sinnvoll erwiesen. Möglichkeiten des produktiven und kreativen Umgangs mit dem Stück werden am Ende der Reihe vorgeschlagen.

Verwendete Abkürzungen:

A	= Alternativplanung	PRO	= produktionsorientierte
EA	= Einzelarbeit		Aufgabenstellung
GA	= Gruppenarbeit	Ref	= Referat
GK	= Grundkurs	SV	= Schülervortrag
HA	= Hausaufgabe	TA	= Tafelanschrieb
KRef	= Kurzreferat	UE	= Unterrichtseinheit
LK	= Leistungskurs	UG	= Unterrichtsgespräch
LV	= Lehrervortrag		

Stunden	Thema	Didaktische Aspekte (Inhalte/Ziele)	Methodische Realisierung/ Verlauf
1./2.	Primärrezeption: Vorverständnis, Unterrichtspla- nung	1. Sicherung der Text- kenntnis 2. Klärung des Vorver- ständnisses 3. Vorstellung, Modifizie- rung oder Konzipierung eines Arbeitsplanes	1.a. Überprüfung und Sicherung der Textkenntnis (mündlich oder schriftlich) (EA, UG) 1.b. (A) Vortrag und Ver- gleich der Lektüretage- bücher, in denen die Schüler/innen ihre Lesezei-
3.	Kabale: Die Kabale als handlungsbe- stimmendes Ele- ment, vorwiegend Akt III	1. Kenntnis der Kabale Wurms und ihrer Vorausset- zungen 2. Erkenntnis der dramati- schen Funktion als hand- lungstreibendes Element und ihrer Zuordnung zum Hof 3. Ausgangspunkt der Be- trachtung der politischen Verhältnisse	1.a. Einstieg: Die Namensge- bung Wurm, Kurzcharakte- risierung der Figur (UG) 1.b. (A) Verfassen eines Steckbriefes des Intriganten, Verfolgung aufgrund des Amtsmissbrauchs (PRO)
4./5.	Kabale: Der erste Versuch der direk- ten Gewaltanwen- dung, III, 1 und II, 6, 7	1. Veranschaulichung, wie die absolutistische Staatsge- walt in den bürgerlichen Privatbereich hineinreicht (Machtmissbrauch – Ohn- macht des Untertanen) 2. Identifizierung als ersten dramatischen Höhepunkt 3. Erarbeitung der Aus- gangsfrage für die folgende Unterrichtseinheit: Wie ist ein politisches System be- schaffen, das solch ein Vor- gehen ermöglicht?	1. Wiederholung, Vergleich: Kabale – offene Gewalt, Vo- raussetzungen des Versuchs: Warum ist die Kabale Wurms nötig? Was fällt auf, wenn Sie grob die Kabale Wurms mit dem ersten Ver- such des Präsidenten, das Liebespaar zu trennen, ver- gleichen? Welche Ziele ver- folgt der Präsident (III, 1)? 2. Wiedergabe des Ablaufs
6./7.	Geschichte: Feu- dalabsolutismus im Drama. Der Fürst und die Un- tertanen. Die Kam- merdienerszene	1. Erarbeitung des histori- schen Hintergrundes im Drama 2. Verallgemeinerung der Situation Millers als Unter- tan	1. Einstieg: Interpretation von Szenenfotos der Holl- mann-Aufführung (vgl. ERLÄUTERUNGEN, S. 129, weitere zur Kammerdiener- szene bei Mittelberg und Piedmont) (OHP, UG) 2. Charakterisierung des

ten, ihre Fragen, Deutungshypothesen und persönliche Anmerkungen notieren. (PRO/SV)

2. Offene Diskussion über das Vorverständnis, erste Wertungen (Ausgangspunkt: Befragung oder Lektüretagebücher), Verständnisschwierigkeiten, Einbezug der Erläuterungen

3. Entwicklung einer möglicherweise noch zu modifizierenden Reihenplanung an der Tafel (TA1) (Ausgangspunkt: *Bürgerliches Trauerspiel* – Worin besteht die Tragik des Stückes?)

2. Beschreibung der Kabale Wurms

3. Ordnen der Elemente der Kabale nach: Täter, Motive, Ziel, Opfer, Mittel, Figuren (UG, TA2)

4. Wertungsdiskussion

Beschreiben Sie in wenigen Sätzen, wie die Kabale Wurms funktioniert.

Gliedern Sie die Szenen II, 6, 7 nach Kommunikationsbzw. Handlungssequenzen und beschreiben Sie mit ein/zwei Sätzen jede Sequenz.

der direkten Gewaltanwendung: Beschreiben Sie die Ausführung des Plans. (HA)

3.a. Nähere Betrachtung der Rollen des Präsidenten, Millers, Ferdinands: Beobachten Sie die Reaktionen Millers. Wie reagiert Ferdinand in den einzelnen Phasen?

3.b. (A) Rezitation und Habitusübungen, wie der Präsident, Miller und Ferdinand ihre Positionen vertreten, zur Erarbeitung der Symbolik der Gesten und der unterschiedlichen Gesellschaftsebenen (szenisches Interpretieren)

4. Wertung und Ausblick: Vergleichen Sie, wie Ferdinand (im Hause der Unschuld, 43) und der Präsident den Begriff der *Gerechtigkeit* gebrauchen. Werten Sie!

Arbeitsblatt: Der Fürst und die Untertanen: Entwerfen Sie mithilfe der Stellenliste (KuL: 11, 62, 20–22, 24, 26–28, 34, 36, 39, 64, 83, 17 f., 19) ein Charakterbild des Fürsten, beschreiben Sie seine pol. Stellung u. d. Verhältnis zu anderen Personen des Dramas.

Fürsten aus Fremdbildern, Erarbeitung der Abhängigkeitsverhältnisse (SV, HA)

3. Ordnung (eventuell im TA): De legibus absolutus (= absoluter, unerreichbarer Fürst) zwischen menschlicher Schwäche (a) und politischer Allmacht (b)

4. Interpretation der Kammerdienerszene, die das ›Patriarchat‹ des Landesfürsten und die Ohnmacht der zu Handelsobjekten degradierten Landeskinder herausarbeitet. Ausgangspunkt der Wertung.

Bearbeiten Sie die Arbeitsblätter (Mat. 1 u. 2). Welche Personen, Handlungselemente u. Äußerungen deuten a. d. Verarbeitung geschichtlicher Wirklichkeit hin? Notieren Sie Textstellen.

Stunden	Thema	Didaktische Aspekte (Inhalte/Ziele)	Methodische Realisierung/ Verlauf
8.	Geschichte: Geschichtliche Wirklichkeit im Drama	1. Erkenntnis des zeitgeschichtlichen Bezugs 2. Abbau der historischen Distanz 3. Erkenntnis der Kritik an den Äußerungsformen des Absolutismus	1. Einstieg mit Folie: Politische und gesellschaftliche Situation Württembergs unter Karl Eugen (LV, TA3) 2.a. Vortrag der HA (SV): Die Schwerpunkte Mätressenwesen, Soldatenhandel, Verschwendung, Willkür-
9.	Der Ständekonflikt (I): Der Hofadel und sein Verhältnis zum Bürgertum	1. Erkenntnis der gesellschaftlichen Bedingungen im Drama 2. Erarbeitung der sozialen Stellung des Hofadels (politische und repräsentative Funktion, höfische Amoral) 3. Erkenntnis der Aufkündigung der Solidarität durch Ferdinand	1.a. Interpretation des Personenverzeichnisses unter der Perspektive der Ständezugehörigkeit, Bestimmung der Schauplätze als gesellschaftliche Orte (UG) 1.b. (A) Filmanalyse eines Ausschnitts (I, 6) der Fernsehbearbeitung des Dramas (hr 1985): Die Vorstellung des Hofmarschalls, Komödie als Gesellschaftskritik
10.	Ständekonflikt im Drama (II): Bürgertum im Wandel	1. Erkenntnis der unterschiedlichen Haltungen und der Veränderungen in der bürgerlichen Familie 2. Bedeutung der Nebentexte im Drama	1. Erläuterungen zum Berufsstand Millers (LV) 2. Vorstellung Millers anhand der Szene I, 1: Bürgerliche Moral (exemplarisch: a) Sexualmoral, b) Arbeitsethos, c) Wahrhaftigkeit), konservativ, altständisch, der Tradition verhaftet. Sprache: derb, aus dem Bereich der Ökonomie,
11./ 12.	Familie, Gattenwahl und Generationskonflikt, I, 1–3, II, 5 (S. 42) bis II, 7, KuL kursorisch	1. Erarbeitung der Familienstruktur der bürgerlichen und aristokratischen Familie im Drama 2. Problematik der Gattenwahl und Generationskonflikte 3. Vorbereitung und Übung der Bearbeitung freier Themen	1. Vorstellung des Themas, Einteilung der Gruppen (stoffteilig und arbeitsteilig) (SV) 2. Gruppe A: Familie Miller: Beschreiben Sie die

herrschaft sollten deutlich werden und entsprechende Parallelen des Stückes (vgl. KuL 22, 33, 9–24, 84) (SV)
2.b. (A) Anfertigung einer Collage oder einer Zeitleiste mit Karten und historischen Abbildungen, Möglichkeit des fächerübergreifenden Unterrichts mit Geschichte und Kunst (PRO, Ref, SV)
3. Diskussion: Kopie der Wirklichkeit oder fiktive Wirklichkeit des Dramas? Trifft es unsere Wirklichkeit? Wie zeitgebunden ist das Stück? (UG)

> Hofmarschall und Präsident: Vergleichen Sie in Stichworten die Stellung und den Charakter der beiden Personen.

2. Vergleichende Charakterisierung: Hofmarschall und Präsident (SV)
3. Interpretation von I, 5: Verachtung des Bürgerstandes, höfische Amoral (UG)
4.a. Interpretation von I, 7: Höfische Amoral, Ferdinand sagt sich los (UG)
4.b. (A) ›Befragung‹ des Präsidenten und Ferdinands mit einem Fragebogen *(Glück ist …, Liebe ist …, Familie ist …, Politik ist …)* (PRO)

> Miller, Frau und Luise: Interpretieren Sie die unterschiedlichen Einstellungen in der bürgerlichen Familie anhand der 1. Szene des 1. Aktes.

bürgerliches Selbstbewusstsein und politische Ohnmacht (vgl. II, 6, 7); Millerin: gesellschaftlicher Aufstieg durch Verheiratung der Tochter, Konsum: Wie gibt sich Miller in der ersten Szene? Warum wählt Schiller einen Stadtmusikanten? Welche Interessen verfolgt seine Frau? (UG)
3. Fremdbild und Selbstdarstellung Luises, Vergleich der Positionen: Was meint Miller, wenn er Luise vorwirft, sie werde der **Heimat** entfremdet (13)? Wie werden die Personen der bürgerlichen Familie eingeführt (s. Regieanweisungen)? Vergleichen Sie die Positionen und bestimmen Sie ihre Wirkung auf den Bürgerstand. (UG)

> ›Übersetzen‹ Sie Millers Schimpftiraden (S. 6, 9 bis S. 7, 14) in die Hochsprache unserer Zeit. Vergleichen Sie die Wirkung. (PRO)

Familienstruktur und die Beziehung der Familienmitglieder zueinander anhand der Szenen I, 1–3.
Gruppe B: Familie von Walter: Beschreiben Sie die Familienstruktur und die Beziehung der Familienmitglieder zueinander anhand der Szenen I, 7, II, 5 bis II, 7. (GA)
3. Gruppenvorträge und Diskussion (SV, UG)

> 1. Fassen Sie in wenigen Sätzen den Handlungsablauf der Szene V, 1 zusammen.
> 2. Sammeln Sie alle Aussagen, die Miller und Luise über das Thema Liebe treffen.

Stunden	Thema	Didaktische Aspekte (Inhalte/Ziele)	Methodische Realisierung/ Verlauf
13.	Liebe: Agape und Eros in der Freitoddiskussion, V, 1	1. Beschreibung der Liebe der Figur Luise 2. Miller und die väterliche Liebe 3. Untersuchungen, Annäherung an den Begriff *Liebe*, Bewertungskriterien	1. Einordnung der Szene in den Handlungsablauf (SV) 2. Ausgangspunkt der Erarbeitung: **Ist lieben denn Frevel** (89); Interpretation der Textstelle S. 86 bis S. 89, 13. Schwerpunkt: Die Liebe Luises als Verbindung von
14./ 15.	Ferdinand und Luise als Liebende, I, 4 und II, 5 bis S. 41, 31	1. Produktion eines alternativen Dramenendes als Interpretationsfolie 2. Erkenntnis der unterschiedlichen Perspektiven, aus denen die Liebenden ihre Beziehung betrachten 3. Ausblick auf den Einbruch der *Welt* in die Welt der Liebe	1. Einstieg mit ›Schreibkreisel‹: *Ferdinand und Luise auf der gemeinsamen Flucht – ein neues Ende:* Je vier Schüler/innen werden zu Schreibgruppen zusammengefasst und bekommen die Zahlen von 1 bis 4 zugeordnet (Gruppentische sind nicht zwingend notwendig, Gespräche sollten unterbleiben und sind beim Schreibvorgang auch nicht notwendig). Jede/r Schüler/in
16.	Luise: Liebe als Entsagung, Textstellen der Entsagung, III, 4	1. Deutung der Entsagung Luises 2. Bestimmung ihres Gesellschaftsbildes in III, 4 3. Kritische Auseinandersetzung mit ihrer Haltung	1. Darstellung der Entsagungen im Überblick (SV, HA) 2. Deutung der offenen Entsagung Luises, Bestimmung
17.	Ferdinand: Mord aus Liebe	1. Bestimmung der Liebe Ferdinands als Eros, den er absolut über alle Normen setzt 2. Bewertung der Gründe Ferdinands, Luise zu ermorden	1.a. Interpretation der Ferdinand-Monologe IV, 4 und V, 4, Schwerpnkt: Begriff der Liebe, Verblendung und Hybris (UG) 1.b. (A) Vergleich der Situation Ferdinands mit dem Fall der Zeitungsnachricht (Material 8) (UG)
18.	Form: Exposition und erregendes Moment, Arbeitsblatt (Mat. 5, a und b)	1. Vertiefung der Kenntnisse zur Dramenexposition 2. Aufbau von KABALE UND LIEBE	1. Ordnung der Lexikonartikel nach Wortbedeutung, Umfang und Darstellungsmitteln der Exposition (SV) 2. Exposition und Rekonstruktion der Vorgeschichte (UG)

Eros und Tod. Interpretation der Textstelle S. 89, 16 bis S. 90, 30. Schwerpunkt: Die Vaterliebe als egoistischer Besitzanspruch, Begrifflichkeit der Ökonomie. (UG) **3. Wenn du Gott liebst, wirst du nie bis zum Frevel lieben.** (89). Deutung des Satzes, Erläuterung der Begriffe Agape und Eros, Bewertung der Liebe Luises und Millers aus dieser Perspektive. (Ansatzpunkte des fächerübergreifenden Unterrichts für die Fächer Religion und Philosophie) (UG)	Texte von Erich Fromm (Material 4a/b): Betrachten und bewerten Sie die Liebenden aus der Perspektive der Psychologie.
beginnt seine/ihre Geschichte auf einem Blatt, schreibt *einen* Satz und reicht das Blatt zum linken Nachbarn weiter (1 zu 2, 2 zu 3, 3 zu 4, 4 zu 1). Nach etwa vier Runden sollen je Gruppe vier Geschichten entstehen, die in sich homogen sein sollten. Die Gruppe entscheidet über die beste Geschichte. (PRO) 2. Vortrag und Vergleich der Geschichten (glückliches – unglückliches Ende?), Überleitung auf die Charaktere und Auffassungen der Liebenden (SV, UG) 3. Interpretation der 4. Szene des ersten Aktes unter dem Aspekt der ›Weltsicht‹ und Liebe, textlineare Ordnung im Tafelbild, Vertiefung der Begriffe Eros und Agape (UG, TA4) 4. Ausblick (II, 5) auf den Einbruch der Realitäten (Vater, Kabale, Anspruch Lady Milfords) in die Welt der Liebenden, Widerlegung Ferdinands, Vergleich mit den Produkten. (UG)	Sammeln und interpretieren Sie alle Textstellen, in denen Luise der Erfüllung ihrer Liebe entsagt.
ihrer Argumente, Erläuterung der Haltung aus dem Handlungsverlauf (UG) 3. Betrachtung der Reaktion Ferdinands (UG) 4. Diskussion: Kritischer Vergleich III, 4 – V, 1, Bewertung und Aktualisierung der Situation Luises	Betrachten und bewerten Sie die Liebe Ferdinands aus der Perspektive des Neuen Testaments (1. Korinther 13, 1–7)
2.a. Interpretation der Textstelle V, 7: Vergleich, wie die Liebenden auf ihre Anagnórisis (Erkenntnis des nahen Todes – Erkenntnis, dass Luise Opfer der Kabale ist) reagieren. 2.b. (A) Umschreiben der Szene auf die Situation von Ali J. und Irmtraut K. (PRO) 3. Diskussion über die Liebe Ferdinands unter Einbezug der Bibelstelle (UG)	Bearbeiten Sie die Lexikonartikel zur Exposition im Drama (z. B. v. Wilpert, Schülerduden) und vergleichen Sie die Auszüge aus den Sekundärtexten (Mat. 5)
3. Exposition und erregendes Moment, Anlage der Konflikte und der Konfiguration (UG, TA5 als Arbeitsblatt, evtl. als OHP-Folie) 4. Ausgangspunkt Sekundärtexte (Material 5): Umfang der Exposition, Zuordnung der Argumente (UG)	Bearbeiten des Sekundärtextes (Mat. 6a/b) und Übertragung auf das Drama (Aufträge s. nächste Stunde)

Stunden	Thema	Didaktische Aspekte (Inhalte/Ziele)	Methodische Realisierung/ Verlauf
19./ 20.	Form: Peripetie – Katastrophe – Tragik, gesamtes Drama Schwerpunkt: III, 4, V, 1 und V, 8	1. Vertiefung der Kenntnisse zum Dramenaufbau 2. Unterscheidung von Peripetie und Anagnórisis 3. Erarbeitung der Katastrophe und Bestimmung des Tragischen anhand der Figur der Luise	1. Bestimmung der Begriffe anhand des Sekundärtextes (SV) 2. Erarbeitung der inneren und äußeren Peripetie mithilfe eines Tafelbildes, Lenkung auf den Tod der Liebenden, Bestimmung der Tragik des Endes (UG, TA6):

Leistungskurs-Sequenz (Additum zur Grundkurs-Sequenz)

1 Stunde im Anschluss an die 3. Stunde GK

Stunden	Thema	Didaktische Aspekte (Inhalte/Ziele)	Methodische Realisierung/ Verlauf
3. LK	Die Intrige der Lady Milford, II, 1–3	1. Charakterisierung und Lebensgeschichte der Lady Milford, Bestimmung ihrer Stellung am Hof 2. Darstellung der Intrige der Lady, Bewertung	1. Vortrag der Schülerprodukte (SV) 2. Interpretation der Intrige der Milford vor dem Hintergrund der erfundenen Tagebuchaufzeichnungen (UG)

2 Stunden im Anschluss an die 6./7. Stunde GK

Stunden	Thema	Didaktische Aspekte (Inhalte/Ziele)	Methodische Realisierung/ Verlauf
6./7. LK	Geschichtliche Wirklichkeit im Drama, Absolutismuskritik, KuL, S. 22, 33, 84	1. Erkenntnis des zeitgeschichtlichen Bezugs 2. Bestimmung der Reichweite der Absolutismuskritik Schillers	1. Fächerkooperierend, Teamteaching: Geschichte – Deutsch: a) Erarbeitung der Ziele der Französischen Revolution, b) Vergleich der historischen Lage in Deutschland und Frankreich, c) Schiller und die

a) Bearbeiten Sie den Textausschnitt von Asmuth und übertragen Sie die Begriffe Peripetie und Anagnórisis auf Schillers KABALE UND LIEBE.
b) Beschreiben Sie in wenigen Sätzen, worin für Sie die Tragik des Stückes besteht.
3. Erarbeitung der tragischen Situation Luises, Ausgangspunkt: **Verbrecherin, wohin ich mich neige!** (90), Diskussion alternativer Handlungsmöglichkeiten (Ferdinand, Luise) unter Rückbezug auf die Schülerprodukte (UG, TA7)
4. Untersuchung der Funktion der letzten Szene: Untergang des Helden oder Sieg der Idee? (HA)

1. Bestimmen Sie Schillers Verhältnis zur Form, insbesondere zu der des aristotelisch-klassizistischen Theaters.
2. Vergleichen Sie seine Äußerungen über die Wirkungsmöglichkeiten und Aufgaben des Theaters.

3. Auseinandersetzung mit der Bewertung der Lady Milford in der Sekundärliteratur (Arbeitsblatt nach Kraft, vgl. Anm. 36–38) (EA, UG)

Zur Vorbereitung der Stunde: Schreiben Sie einige Tagebucheintragungen, in denen Lady Milford ihr Verhältnis zum Herzog und zu Ferdinand sowie ihre Pläne darlegt. (PRO)

Verleihung des französischen Bürgerrechts, d) Die Französische Revolution im Urteil der deutschen Zeitgenossen, e) Schillers »Glocke« und die Französische Revolution (EA, Ref, UG)
2. Interpretation der o. g. Textstellen vor dem Hintergrund der historischen Entwicklung (EA)
3. Diskussion: Welche Lösung bietet das Drama an? Die Revolution des Bürgertums ...? (UG)

Stellungnahme zum Diskussionsthema

1 Stunde im Anschluss an die 10. Stunde GK

Stunden	Thema	Didaktische Aspekte (Inhalte/Ziele)	Methodische Realisierung/ Verlauf
10. LK	Der Ständekonflikt im Drama (III): Der ›bürgerliche‹ Aristokrat und der ›korrumpierte‹ Bürger, I, 4, S. 14, 15 bis S. 15, 13; III, 1	1. Bestimmung Ferdinands und Wurms als Wanderer zwischen adeliger und bürgerlicher Welt 2. Erkenntnis der Differenz zwischen Standesideologie und sozialem Status	1. Wiederholung: Luises Ständekritik (S. 13), ihre Situation als bürgerliche Schülerin Ferdinands (S. 80). Ausgangspunkt: **Dein Herz gehört deinem Stande.** (S. 59), Überprüfung der Aussage (UG)

2 Stunden im Anschluss an die 14./15. Stunde GK

Stunden	Thema	Didaktische Aspekte (Inhalte/Ziele)	Methodische Realisierung/ Verlauf
14./ 15. LK	Ferdinand und Luise: Liebe und Generationskonflikt – Distanzierung und Parodie	1. Untersuchung themenverwandter Satiren 2. Parodie und Übertragung der ersten Liebesszene (I, 4) in die Gegenwart	1. Untersuchung der Satiren *GENERATIONSKAMPF* und *DER SITZ DER LIEBE* von Gabriel Laub (Enthüllung des nackten Kaisers) als Ausgangspunkt der Parodie (EA, UG)

1 Stunde im Anschluss an die 17. Stunde GK

Stunden	Thema	Didaktische Aspekte (Inhalte/Ziele)	Methodische Realisierung/ Verlauf
17. LK	Ferdinand: Der ›Absolutismus‹ der Liebe, Material 3	1. Bestimmung der Liebe Ferdinands als Eros, den er absolut über alle Normen setzt 2. Textbeschreibung und Texterörterung des Schillertextes	1. Textaufnahme und Hypothesenbildung, Bezug zum Drama (EA, UG) 2. Analyse des Argumentationsaufbaus (OHP, UG)

2. Interpretation der Textstelle I, 4 (s. o.): Ferdinands Selbstbewusstsein und seine ständische Stellung (EA, UG) 3. Wurm in III, 1: Doppeltes Herrschaftswissen, Unterdrückung des eigenen Standes, bürgerliche Sexualmoral, Kabale und Wert der Wahrhaftigkeit (HA, SV) 4. Integration: Vergleich und Bewertung der beiden Personen (TA3, UG)	Zur Vorbereitung der Stunde: Der Bürger Wurm am Hofe: Beschreiben Sie diese Figur anhand der 1. Szene des III. Aktes. (vorbereitend auf die Folgestunde 11./12. GK, als dritte Stunde der Einheit *Familie*): Lesen und Exzerpieren theoretischer Texte zur Situation der Familie im 18. Jahrhundert (Literatur s. Literaturverzeichnis) (HA, Ref)

2. Umschreiben der Szene I, 4: Verlegung in die Gegenwart, Einarbeitung satirischer Elemente (PRO) 3. Aufführung als Einakter (Szenisches Interpretieren)	Schreiben Sie eine kurze Theaterkritik zur Aufführung des Kurses.

3. Vergleich mit der Haltung Ferdinands, Erörterung des Wertekonfliktes, Formulierung als Dilemma (EA, fächerübergreifender Anknüpfungspunkt für das Fach Philosophie)	Zur Vorbereitung der Stunde: Lektüre: *ÜBER DEN ABSOLUTISMUS DER LIEBE*

Den Abschluss findet die Unterrichtseinheit *Form* für beide Kursarten in einer Doppelstunde zur Dramentheorie SCHILLERS in der Phase des Sturm und Drang. Gegenstand dieser Stunde sind Primärtexte und ein Sekundärtext (vgl. Mat. 7a–d), die unter den o. g. Aspekten analysiert werden sollten. Ausgehend vom zweiten Arbeitsauftrag *(Gerichtsbarkeit der Bühne)* sollte die letzte Szene betrachtet werden. Ein Vergleich mit Lessings Dramentheorie und die Vertiefung des Begriffes bürgerliches Trauerspiel bieten sich an.

Die sich anschließende Unterrichtseinheit soll das Drama in die Epoche des Sturm und Drang einordnen. Dies kann anwendend über einen literaturgeschichtlichen Basistext[91] sowie in Rückbezug auf eine Lyrikreihe oder/und Reihe mit expositorischen Texten zur Poetik der Epoche geschehen. Parallelen zum Geniebegriff, zur Naturauffassung und zum Menschenbild lassen sich über die Figuren Lady Milford und Ferdinand erarbeiten (vgl. 5.4). Eine Stellenliste zur gelenkten Vorbereitung, Friedrich Maler Müllers Darstellung des ›großen Kerls‹ und ein Sekundärtext von Huyssen (Das Individualitätsprinzip in der Dichtung: großer Kerl, Selbsthelfer und Machtweib)[92] sind als Materialien geeignet. Arbeitsaufträge: 1. Arbeiten Sie heraus, wie Maler Müller das Verhältnis des Individuums zur Gesellschaft und Natur bestimmt. 2. Wie stellt Huyssen den großen Kerl und das Machtweib dar? 3. Beziehen Sie beide Texte auf das Drama KABALE UND LIEBE unter besonderer Berücksichtigung der folgenden Textstellen: I, 4 (15;5–14), I, 7 (22;20–31), II, 3 (33;9–24), 38;6–16), III, 4 (58;15–59;8), IV, 4 (73), V, 4 (96 f.), II, 1 (27;6–25), IV, 8 (82 f.). Der Epochenvergleich mit der Epoche der Aufklärung lässt sich am besten über den Vergleich der Dramen EMILIA GALOTTI und KABALE UND LIEBE erarbeiten (vgl. 5.4.6).

In der letzten Unterrichtseinheit sind der biografische und der rezeptionsorientierte Ansatz zusammengefasst. SCHILLERS Jugendjahre, verbunden mit der Entstehungsgeschichte des Dramas, können per Schülerreferat oder Lehrervortrag eingebracht werden. Einige Biografien mit zahlreichen grafischen Anschauungsmaterialien stehen zur Verfügung. Es bietet sich an, vorbereitend

4 Unterrichtssequenz in der Sekundarstufe I

Stunden	Thema	Didaktische Aspekte (Inhalte/Ziele)	Methodische Realisierung/ Verlauf
1./2.	Liebesmord – ein Drama heute, dpa-Nachricht (Material 8)	1. Dramatisierung einer Nachricht als vorausgestaltende Produktion 2. Kontrastierung mit dem Rechtfertigungsmonolog Ferdinands (V, 4) – historische Distanz, Parallelität und Unterschiedlichkeit der Motive	1. Vortrag und Besprechung der Produkte der vorbereitenden HA, Hypothesenbildung über die Motive, die Ursachen und die Vorgeschichte des Liebesmordes in Hamburg, Wertung (SV, UG)

Schillerbriefe (vgl. 1) lesen zu lassen, die einen Eindruck von der Gemütslage des Autors geben können. Zur Erarbeitung der zeitgenössischen und wissenschaftlichen Rezeption finden sich Texte in den ERLÄUTERUNGEN der Reclamausgabe. Teil dieser Einheit sollte die Behandlung der Umsetzung des Dramas auf der Bühne sein. Rezensionen moderner Aufführungen finden sich bei Piedmont[93]. Anstelle einer eigenen darstellenden Erarbeitung mit Schülern können auch Ausschnitte eines Fernsehberichts »Fritz Kortner inszeniert KABALE UND LIEBE, 7. Szene, V. Akt« (WDR, Wh 1992, sw.) oder einer Fernsehbearbeitung des Dramas (hr 1985, Regie: Heinz Schirk) gezeigt und besprochen werden. An die Fernsehbearbeitung schließt sich ein Nachwort Marcel Reich-Ranickis an, das als ein Beispiel der moderneren Rezeption des Dramas herangezogen werden kann. Weitere Dokumente der Wirkungsgeschichte werden in den ERLÄUTERUNGEN angeboten. In einer Abschlussdiskussion sollten sich die Schüler noch einmal den Ablauf der Reihe vergegenwärtigen und ihren letzten Erkenntnisstand bzw. ihre letzte Beurteilung des Dramas mit ihrer Primärrezeption vergleichen.

Als weitere Möglichkeit der produktionsorientierten Auseinandersetzung mit dem Drama drängt sich zunächst das Spielen auf. Stoffteilig können besonders komödiantische (I, 6, II, 4, IV, 3) oder ›dramatische‹ Szenen (III, 4, III, 6, IV, 7, V, 1, V, 7) erarbeitet werden. Die Massenszenen (II, 6, 7 und V, 8) bieten die Chance, viele Schüler mitspielen zu lassen. Der Bericht des Kammerherrn (II, 2) ließe sich zu einem Einakter ausbauen. Schreiben und Spielen greifen auch bei der Vorbereitung eines Rollenspiels (Emilia Galotti und Luise Millerin im Gespräch; auf andere Parallelfiguren übertragbar) oder bei der Vorbereitung und Durchführung einer Gerichtsverhandlung über die Vergehen des Präsidenten und des Sekretärs ineinander (Anklageschrift, Verteidigungsrede, Briefe Wurms und fiktive Antwortbriefe als Beweismittel, Zeugenaussagen etc.). Nicht zuletzt könnte das Schreiben eines Plots für einen Fernsehfilm mit übertragener Thematik die Aktualität des Stückes aufzeigen.

	Hausaufgabe
2. Vergleich mit der 4. Szene des 5. Aktes: Sicherung des Primärverständnisses, Einordnung der Szene, Hypothesenbildung über die Umstände und Motive von Ferdinands Plan Ausgangspunkt: Vaterbild im Monolog (V, 4): Beschreibung des Verhältnisses von Luise zu ihrem Vater auf der Grundlage der Szenen I, 1–3 (Charakterisierung, PRO)	Zur Vorbereitung der Stunde (PRO): Schreibe – im Anschluss an die Nachricht – einen Dialog, in dem der Untersuchungsrichter Ali J. über dessen Motive,

Stunden	Thema	Didaktische Aspekte (Inhalte/Ziele)	Methodische Realisierung/ Verlauf
1./2.		3. Entwicklung einer Frage-haltung für die Interpreta-tion des Dramas, erste Ur-teile zur Schuldfrage	
3./4.	Der Generations-konflikt (I): Vater und Tochter Mil-ler, I, 1–3	1. ›Übersetzung‹ der mund-artlichen Passagen 2. kurze Charakterisierung Millers, Beschreibung der Herkunft und Lebenssitua-tion 3. Erkenntnis der Konflikt-situation und der Motive Millers	1. Klärung der unverständ-lichen Passagen, die nicht über die Erläuterungen zu entschlüsseln sind (UG) 2.a. Beschreibung der Her-kunft und Lebenssituation Millers (SV) 2.b. Vorstellung des Berufes
5./6.	Der Generations-konflikt (II): Vater und Sohn von Walter, I, 7 und II, 6, 7	1. Kurze Charakterisierung des Präsidenten und seines Sohnes 2. Beschreibung der Her-kunft und der Lebenssitua-tion 3. Erkenntnis der konträren Haltungen von Vater und Sohn	1. Auswertung des Fragebo-gens (SV, UG, TA) 2. Erarbeitung der Motive des Präsidenten, die Bezie-hung seines Sohnes zu Luise zu unterbinden (UG) 3. Der Versuch der direkten Gewaltanwendung, II, 6, 7: Die Schüler/innen zeichnen
7./8.	Exposition und er-regendes Moment, I,II, Sekundärtexte	siehe Grundkurs-Stunde 18	siehe Grundkurs-Stunde 18
9./10.	Der geschichtliche Hintergrund des Dramas, Material 1, 2, TA3	1. Erkenntnis der geschicht-lichen Bedingungen des Dramas 2. Darstellung des Feudalab-solutismus im Drama	1. Projekt in Gruppen (PRO und SV) nach vier Themen: (1) Gestaltung einer Zeit-leiste zu Schillers Jugendjah-ren mit biografischen Zeug-nissen (Briefe, Bilder) (2) Gestaltung einer Zeit-leiste zur Geschichte Würt-

seine Freundin zu
töten, befragt.

Stadtpfeifer (Artikel aus Musik in GESCHICHTE UND GEGENWART,
Bd. 16) (KRef)

3. **Ich zwinge meine Tochter nicht** (90), Überprüfung der Aussage
Millers gegenüber Wurm, Erarbeitung der Motive Millers, Luises
Beziehung mit Ferdinand zu verbieten, Deutung der Reaktion
Luises (UG)

4. Gegenwartsbezug, Diskussion: Sollten oder dürfen Eltern den
Umgang und die Heirat ihrer Kinder bestimmen? (UG, fächer-
übergreifend zu Politik: Familienkonflikte)

Untersuchung der
Szene I, 7 mithilfe
eines Fragebogens
(vgl. Grundkurs-
Stunde 9, 4.b.,
PRO)

die Interpunktion des Kommunikationsablaufes zwischen Vater
und Sohn (nach Watzlawick), in die sie die Aussagen der Personen stichwortartig eintragen, und deuten die Eskalation des Konfliktes. (EA, PRO, UG)
Präsident
(**Weg von der Metze**) —
Ferdinand

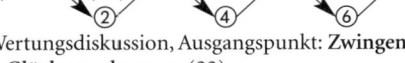

usw.

4. Integration und Wertungsdiskussion, Ausgangspunkt: **Zwingen
muß man dich, dein Glück zu erkennen.** (22)

Schreibe eine
kurze Stellung-
nahme zu den
Auffassungen, Hal-
tungen und zu der
Vorgehensweise
des Präsidenten in
den ersten beiden
Akten.

Anlage einer Mate-
rialsammlung zum
geschichtlichen
Hintergrund des
Dramas, Vorberei-
tung der Doku-
mentation mit Pla-
katen und Stell-
wänden (fächer-
übergreifend mit
Geschichte und
Kunst, PRO)

tembergs im 18. Jahrhundert (Material 1 und 2, dort weitere
Literatur, TA3, Zuordnung von Zitaten aus KABALE UND LIEBE)
(3) Darstellung der Lebensverhältnisse des Bürgertums im
18. Jahrhundert (Bilder: Kleidung, Inneneinrichtung, Architektur
und Wohnverhältnisse, Quellen, Zuordnung von Zitaten aus
KABALE UND LIEBE)
2. Zusammenfassung der Ergebnisse (UG)

Charakterisierung
des Fürsten an-
hand ausgewählter
Textstellen

Stunden	Thema	Didaktische Aspekte (Inhalte/Ziele)	Methodische Realisierung/ Verlauf
11./ 12.	Der Fürst und die Untertanen: Die Kammerdiener- szene II, 2	siehe Grundkurs-Stunde 6/7	siehe Grundkurs-Stunde 6/7
13./ 14.	Ferdinand und Luise als Liebende, III, 4	1. Annäherung an den Begriff *Liebe* 2. Betrachtung von Ferdi- nand und Luise als Liebende 3. Bestimmung der Szene als innere Peripetie	1.a. Einstieg: Untersuchung des Begriffes *Liebe* anhand einer TV-Jugendsendung (Mat. 9) (EA, UG) 1.b. Präsentation und Ver- gleich der Collagen (UG)
15./ 16.	Liebe, Eros und Tod, V, 1	1. Vertiefung der Auseinan- dersetzung mit dem Liebes- begriff 2. Erkenntnis der tragischen Situation Luises 3. Erörterung der Möglich- keiten: Flucht, Selbstmord und Entsagung	1. Betrachtung bildlicher Darstellungen von Amor und Tod (UG) 2. Deutung der Pläne Luises und ihrer Vorstellung von der Erfüllung der Liebe (S. 87 f.) (EA, SV)

1. Fasse kurz zusammen, was zwischen den Szenen I, 4 und III, 4 geschehen ist.

2.a. Vergleiche die Haltung Ferdinands in beiden Szenen. Beachte dabei die religiöse Metaphorik.

2.b. (A): Sammle aus Fernsehzeitungen Überschriften mit dem Wort *Liebe* und kurze Artikel zu den entsprechenden TV-Sendungen. Stelle sie zu einer Collage zusammen und kommentiere sie. (PRO)

2. Interpretation der Szene III, 4: Wie verhält sich Ferdinand in dieser Szene? Welche Lösungen schlägt er vor? Deute die vier Begründungen Luises, der Liebe zu entsagen. Wie ist die abschließende Reaktion Ferdinands zu erklären? (UG)

3. Vergleich der Stellung der Szenen III, 4 und III, 6: Woran zerbricht die Liebe des jungen Paares? (UG, TA6)

Verfasse je eine Heiratsannonce für Ferdinand und Luise, die die Charaktere der beiden Figuren widerspiegelt. (PRO)

3. Kontrastierung mit der Vorstellung Millers (Eros, Gottesliebe, Nächstenliebe, Elternliebe) (UG)

4. Erarbeitung der tragischen Situation Luises (TA7, UG)

5. Ein glückliches Ende? Diskussion der Lösungsmöglichkeiten unter Einbezug der fiktiven Annoncen (PRO, UG)

Luise und Ferdinand treffen sich nach Jahren auf einem Empfang des Präsidenten. Ferdinand hat die Gräfin von Ostheim geheiratet, Luise ist die Frau Wurms geworden. Schreibe einen Dialog, in dem die beiden Figuren zurückschauen. (PRO)

Stunden	Thema	Didaktische Aspekte (Inhalte/Ziele)	Methodische Realisierung/ Verlauf
17.	Die Katastrophe, V, 8	1. Erkenntnis des Tragischen und der Katastrophe 2. Rückblick und Integration der Unterrichtsreihe	1. Erarbeitung, wie das Ende des Dramas die Lebensentwürfe der einzelnen Hauptpersonen (Luise, Ferdinand, Miller, Präsident, Wurm, Hofmarschall) durchkreuzt. (EA, UG)

5 Klausurvorschläge

Thema 1: (GK)
Ferdinand zwischen Intrige und Liebe:
(1) Interpretieren Sie die 2. Szene des 4. Aktes, indem Sie (a) diese Szene in die Handlungsstränge des Dramas einordnen und (b) die Szene unter Einbeziehung der hier erinnerten Situationen sowie der Sprache deuten.
(2) Bewerten Sie die Auffassung und das Verhalten Ferdinands.

Thema 2: (GK)
Die Väter: Stadtmusikus Miller und der Präsident von Walter. V, 1 (S. 89; 14 bis S. 90; 36):
(1) Interpretieren Sie die angegebene Textstelle, indem Sie sie (a) kurz in den Handlungszusammenhang einordnen und (b) unter besonderer Berücksichtigung der Vaterrolle deuten. (2) Vergleichen Sie wertend die beiden Väter (Gemeinsamkeiten, Unterschiede) und beziehen Sie dabei bedeutende Parallelstellen mit ein.

Thema 3: (GK)
Wurm zwischen Intrige und Liebe? III, 6 (S. 65; 31 bis S. 67; 40):
(1) Interpretieren Sie die angegebene Textstelle, indem Sie sie (a) in die Handlungsstränge und den formalen Aufbau des Dramas einordnen und (b) unter besonderer Berücksichtigung der Rolle Wurms deuten.
(2) Bewerten Sie – ausgehend von der Textstelle – die Auffassungen und Handlungen Wurms im Drama.

Thema 4: (LK)
Friedrich SCHILLER: »Die schlimmen Monarchen« (Kürzung um Strophe 7 bis 16 möglich):
(1) Interpretieren Sie SCHILLERS Gedicht auch unter Berücksichtigung der Form und Sprache. (2) Da das Gedicht in dem gleichen Jahr (1782) entstand, in dem SCHILLER an »Luise Millerin« arbeitete, sind Parallelen zu vermuten. Stellen Sie dar, inwiefern sich die beiden Dichtungen wechselseitig erläutern können (mit konkreten Textverweisen). Bedenken Sie dabei auch, welche Funktion die Dichtung in dieser Zeit für SCHILLER hatte.

2. Diskussion über das Lebensglück anhand der erfundenen alternativen Dramenschlüsse (PRO, UG)

3.a. Wertungsdiskussion über den Liebesmord unter Rückgriff auf seine Vorgeschichte (UG)

3.b. (A) ›Podiumsdiskussion‹ als Rollenspiel im Gericht: Erörterung der Schuldfrage (szenisches Interpretieren)

Thema 5: (LK)
Luise und Lady Milford: Ein Vergleich der Liebenden: IV, 7 (S. 78;10 bis S. 81;2):
(1) Interpretieren Sie die angegebene Textstelle, indem Sie sie (a) kurz in den Handlungszusammenhang einordnen und (b) deuten – auch unter Einbeziehung der Regieanweisungen und der sprachlichen Auffälligkeiten. (2) Charakterisieren Sie – ausgehend von der Textstelle – vergleichend und wertend die beiden Liebenden und beziehen Sie dabei bedeutsame Parallelstellen mit ein. (vgl. S. 102 f.)

Thema 6: (LK)
EMILIA GALOTTI und KABALE UND LIEBE. (Mord und Tugend)
(1) Interpretieren Sie die Monologe Odoardos (V, 6) und Ferdinands (V, 4). (2) Bestimmen Sie die Gemeinsamkeiten und Unterschiede der Dramenszenen, die in verschiedenen Epochen entstanden. (3) Nehmen Sie Stellung zu der jeweiligen Entscheidung zu töten.

6 Tafelbilder

Tafelbild 1

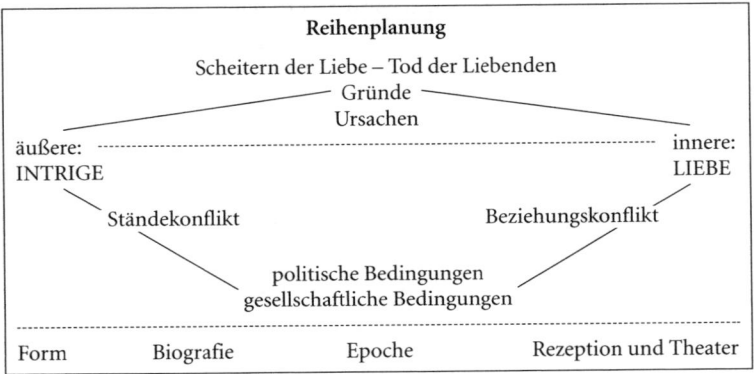

Tafelbild 2

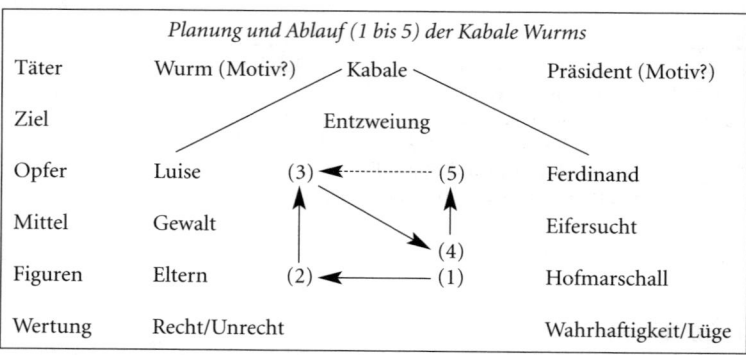

	Planung und Ablauf (1 bis 5) der Kabale Wurms		
Täter	Wurm (Motiv?)	Kabale	Präsident (Motiv?)
Ziel		Entzweiung	
Opfer	Luise	(3) ◄------------ (5)	Ferdinand
Mittel	Gewalt	(4)	Eifersucht
Figuren	Eltern	(2) ◄———— (1)	Hofmarschall
Wertung	Recht/Unrecht		Wahrhaftigkeit/Lüge

Tafelbild 3

	Ferdinand und Wurm zwischen Hof und Bürgerstube	
Stand:	Adel – distanziert sich von seinen Kreisen	Bürgerlicher – unterdrückt den eigenen Stand
Haltung:	– von bürgerlicher Aufklärung beeinflusst – Kritik an der Ständegesellschaft – bürgerliche Tugenden (Wahrhaftigkeit, Sexualmoral etc.) aber: bleibt dem Stand verhaftet	– Ablehnung des bürgerlichen Wandels – Versuch in der Ständegesellschaft aufzusteigen – höfische Amoral, Verstellung, Intrige, Unrecht etc. aber: Fleiß, Sexualmoral als bürgerliche Tugenden
	der ›bürgerliche‹ Aristokrat und der ›korrumpierte Bürger‹	

Verfassung und Gesellschaft Württembergs im 18. Jahrhundert

	Staat	
	Herzog	
Entscheidungsgewalt in ...	– Souverän	Hof
	– Landesbischof	
	– Oberbefehlshaber	
	Hofadel	
	Bedienstete	

...	Geheimer Rat
Reservatsachen	3 adelige Räte
	2 gelehrte Räte

Herzogliche Verwaltung
(Kollegien)
Rentkammer
(Finanzverwaltung)

Einnahmen: Erträge des Grundbesitzes des Landes, Einnahmen aus dem Kirchengut, aus Münzprägung u. Zoll, Zuweisungen der Landschaftskasse
Ausgaben: Hofhaltung, Besoldung der Verwaltung, öffentliche Ausgaben (Straßenbau etc.)

Konsistorium
(Kirchenverwaltung)
Regierungsrat
(Justizaufsichtsbehörde)
Kriegsrat
Kriegskasse
(Militärverwaltung)

Einnahmen: Zuweisungen der Landschaftskasse (460 000 Gulden/Jahr), Subsidienverträge[1]
Ausgaben: Unterhalt des Kreiskontingents der Reichsarmee (1000/2000 Mann), der ›Haustruppen‹ (stehendes Heer, 1500 Mann), Aushebung der Landmiliz

[1] Karl Eugen verwandte diese Einnahmen auch für Hofhaltung

Tafelbild 3b

Verfassung und Gesellschaft Württembergs im 18. Jahrhundert

Gesellschaft

Adel: meist reichsunmittelbar, keine Vertretung in der *Landschaft*, als Grundbesitzer wirtschaftlich stark, eigene Gerichtsbarkeit

Hochklerus, Klerus

Stadtpatriziat, bürgerliche ›Ehrbarkeit‹, die auch als Oberamtmänner die dörflichen Ämter leitete (eingesessene Kaufmannsfamilien, ausgewählte Bildungsbürger)

Groß- und Bildungsbürgertum:
nicht ratsfähige Kaufmannsfamilien, Bildungsbürger, ökonomisch stark und gesellschaftlich anerkannt

Kleinbürgertum:
Handwerker, Händler, kleine Beamten etc.

Unterbürgerliche Schichten:
Handwerksgesellen, Dienstboten, Tagelöhner etc.

Bauern:
über 80 % der Gesamtbevölkerung, wirtschaftlich und rechtlich von den adeligen Grundherren abhängig, Rekrutierungsreservoir der Miliz und des stehenden Heeres, Verpflichtung zu öffentlich-rechtlichen Abgaben und Diensten, z. B. Treiberdienste bei Jagden, unter denen ihre Felder litten

Unterbäuerliche Schichten: Kötter, Heuerlinge, Gesinde

Tafelbild 4

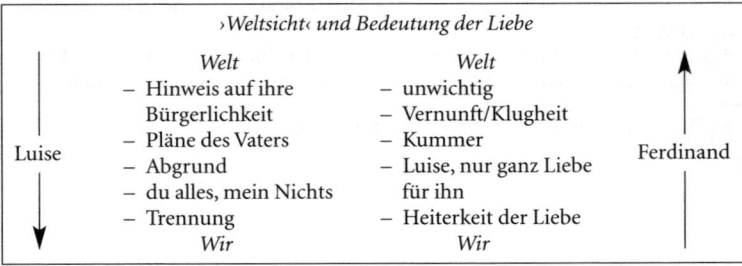

›Weltsicht‹ und Bedeutung der Liebe

	Welt	Welt	
Luise	– Hinweis auf ihre Bürgerlichkeit	– unwichtig	Ferdinand
	– Pläne des Vaters	– Vernunft/Klugheit	
	– Abgrund	– Kummer	
	– du alles, mein Nichts	– Luise, nur ganz Liebe für ihn	
	– Trennung	– Heiterkeit der Liebe	
	Wir	Wir	

Tafelbild 5

Die Exposition

I, 7 Präsident, Ferdinand (Wurm)
**Feierlich entsag ich hier einem Erbe, das mich
nur an einen abscheulichen Vater erinnert**

I, 6 Präsident, Hofmarschall   } Die Welt des Hofes, des Adels

I, 5 Präsident, Wurm
Daß er der Bürgerkanaille den Hof macht ...

I, 4 Ferdinand, Luise
Wärest du nur ganz Liebe für mich, ...

I, 3 Miller, Frau, Luise
**[W]enn die Schranken des Unterschieds
einstürzen ...**

I, 2 Miller, Frau, Wurm   } Die Welt des Bürgertums

I, 1 Miller, Frau
**Ich hätt' meine Tochter mehr koram
nehmen sollen**

Tafelbild 6

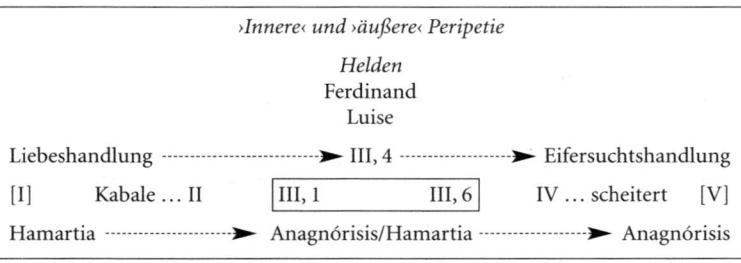

Tafelbild 7

Katastrophe (V,1) Tragik

Luise

Verbrecherin, wohin ich mich neige! (90)

Vater	*Ferdinand*
Pflicht	Neigung
allgemeine, ewige	**verhaßte Hülsen des**
Ordnung (III,4)	**Standes** (I,3)
Eid der Familie Miller	Treueschwur
Lüge des Briefes	Wahrheit der Liebe
Agape – Kindesliebe	Eros – Liebe zu Ferdinand

Entsagung im Leben   Erfüllung im Tod

Tafelbild 8a

Lösungsskizze:
Luise und Lady Milford: Ein Vergleich der Liebenden, Textstelle: IV,7, S. 78, 10 bis S. 81;2

Luise   Ausgangslage der Liebenden   *Lady Milford*

Einordnung:	
1. nach der doppelten Peripetie (Entsagung und **Verrat**)	1. Kabale zur Gewinnung des Geliebten
2. verhaftete Eltern	2. Eingeständnis ihrer Liebe
3. Bindung an den Eid	3. Abweisung durch Ferdinand
4. Vermutung einer Beteiligung der Lady	4. Wissen um Luise als seine bürgerliche Geliebte
Gehorchende: Darlegung des Elends, Verzicht	Befehlende: Angebot der Zofenstellung, Kennenlernen

unglücklich Liebende

Textstelle

Verzicht, (gemeinsamer) Selbstmordplan, Mordopfer	Verzicht, Wendung zur Tugend, Aufgabe der Stellung, Abreise

Kommunikationssequenzen: (Tendenz von der uneigentlichen Rede zur Offenheit, Verschiebung vom Inhalts- zum Beziehungsaspekt)

	Inhaltsaspekt:	Beziehungsaspekt:
A	Angebot und Ablehnung der Kammerzofenstellung	Abgrenzung ihrer Moralvorstellungen
B	Stand und Lebensglück	Vergleich ihrer ständischen Stellung u. ihres Lebensglücks
C	Ferdinand und Liebe	Rollendefinition als Konkurrentinnen, Liebe und Hass

Tafelbild 8b

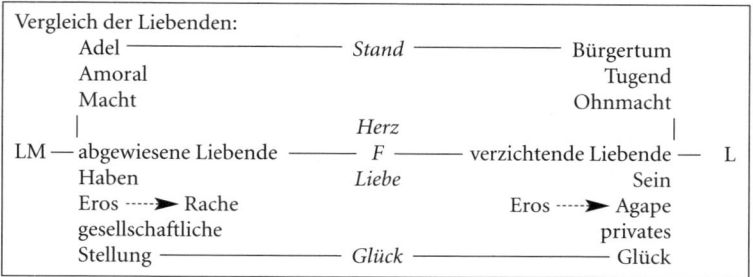

Vergleich der Liebenden:

Adel	*Stand*	Bürgertum
Amoral		Tugend
Macht		Ohnmacht
	Herz	
LM — abgewiesene Liebende	*F* — verzichtende Liebende — L	
Haben	*Liebe*	Sein
Eros ----➤ Rache		Eros ----➤ Agape
gesellschaftliche		privates
Stellung	*Glück*	Glück

7 Materialien

HANS-ERICH STRUCK: **Karl Eugen von Württemberg als absolutistischer Herrscher** · Material 1

Karl Eugen von Württemberg (1728–93), der Landesfürst Schillers, regierte das Herzogtum seit 1745 selbstständig. Seine Regierungszeit lässt sich grob in zwei Phasen einteilen, in eine von Verschwendung, Willkür und Gewalttätigkeit gekennzeichnete Zeit des *Hochabsolutismus* und in eine Zeit des – wenn man so will – *aufgeklärten Absolutismus*, die einige Jahre nach dem Württemberger Erbvergleich (1770) unter dem mäßigenden Einfluss seiner Mätresse und späteren Ehefrau Franziska von Hohenheim beginnt. Schiller bezieht sich sicher auf die erste Phase der Regierungszeit. In dieser hat sich der Herzog noch wenig an den von Friedrich dem Großen für ihn – den angeheirateten Neffen[1] – verfassten FÜRSTENSPIEGEL gehalten. Im ständigen Kampf gegen die Landstände, unter Bruch des »Alten Rechts« (Tübinger Vertrag von 1514) setzte er seine Alleinregierung durch. Die verfassungswidrige Ausschreibung von Steuern, Ämter- und Soldatenhandel verschafften ihm die Mittel für eine glänzende Hofhaltung (zeitweise 2000 Personen), für zahlreiche Prachtbauten (Ausbau von Ludwigsburg, Solitude, Hohenheim etc.) und für das stehende Heer. Für die Unterhaltung dieses Heeres war es durchaus üblich, Truppen zu vermieten (Subsidienvertrag mit Frankreich von 1752: 6000 Mann für 325 000 Livres p. a., 1760, 10 000 Mann an Österreich, 1777, ein Vertrag mit England kam nicht zustande, da K. E. die Truppen nicht ausrüsten konnte[2]), aber der regelrechte Handel und Verkauf sowie die gewaltsame Rekrutierung, wie sie in Württemberg, Hessen und Hannover und anderen kleineren Fürstentümern bekannt wurden, waren ein Zeichen des ungezügelten Despotismus. »Maßlos war er [auch] im Umgang mit Frauen, seine Stundenliebschaften unzählig, wobei er die Geschwängerten schnöde ›ein for allemal‹ abfinden ließ.«[3] Das Schicksal der Friederike Jahn – ihr Vater war zeitweise der Lehrer Schillers –, der sich Karl Eugen genähert hatte und die im Wochenbett starb, kann hier nur als Beispiel für viele Schicksale stehen.[4] 1771 wurde die Italienerin Katarina Bonafini, als sie nicht mehr in der Gunst des Herzogs stand, mit dem Rittmeister von Poeltzig verheiratet. Karl Eugen machte seine Residenz Ludwigsburg in den 60er Jahren zu den ersten Höfen Europas. »Die Feste drängten sich, Bälle, Konzerte, Schlittenfahrten, Jagden, Feuerwerke reihten sich aneinander und zogen Vornehme in Scharen an. Manchmal hat der Herzog 300 Personen von Rang wochenlang unterhalten und mit den feinsten und teuersten Leckerbissen bewirtet. Einzelne dieser Veranstaltungen kosteten 3 bis 400 000 Gulden, erhielten die Damen doch manchmal Geschenke im Wert von 50 000 Talern.«[5] Das war nur zu finanzieren, indem er das Letzte aus seinem kleinen Land (etwa 600 000 Einwohner) herauspresste. Kritiker dieser Verschwendung und Willkür, wie der Sprecher der Landstände und berühmte Staatsrechtler Johann Jacob Moser und der Dichter Schubart, wurden kurzerhand ohne Gerichtsurteil für Jahre eingekerkert.

1 Elisabeth Friederike von Brandenburg-Bayreuth, eine Nichte Friedrichs des Großen, die Karl Eugen 1748 geheiratet hatte, verließ 1756 aufgrund der vielen Affären ihres Ehemannes den Hof und kehrte nie mehr zurück.
2 Vgl. Kapp, Friedrich: Der Soldatenhandel deutscher Fürsten nach Amerika. 2. Auflage, Berlin 1874, 94, 100 f.
3 Lahnstein, Peter: Schillers Leben. Frankfurt a. M. 1984, 42.
4 Vgl. Lahnstein: a.a.O., 45.
5 Boehn, Max von: Deutschland im 18. Jahrhundert. Berlin 1921, 454.

Material 2

HANS-ERICH STRUCK: Karl Eugen von Württemberg und die Stände

In Württemberg setzte sich der Absolutismus erst recht spät und niemals vollkommen gegen die Stände durch. Der Tübinger Vertrag von 1514, der de iure auch noch im 18. Jahrhundert seine Geltung hatte, sicherte den Landständen oder der »Landschaft« (vgl. II, 2, 31) ein verfassungsmäßiges Mitspracherecht, den Untertanen die gerichtliche Aburteilung von Kriminalfällen. Im Zuge der Herrschaftskonzentration trat dieses Recht jedoch in den Hintergrund. Besonders augenfällig war der absolutistische Einfluss in den künstlichen Residenzstädten, die auf keine mittelalterliche Tradition städtischer Freiheit und Selbstverwaltung zurückblicken konnten. Für Ludwigsburg, das 1708 gegründet und von 1764–1775 – auch eine Folge der Ständekämpfe – alleinige Residenz war, »ist bezeichnend, daß erst 60 Jahre nach dem Bau von Lateinschule, Zuchthaus, Tollhaus usw. das Rathaus entstand. Auch die Stadtmauer in Ludwigsburg diente nicht dem Schutz der Bürger, sondern war gegen Deserteure der Garnison gerichtet.«[1] Während des Siebenjährigen Krieges empörten sich die Stände gegen die verfassungswidrige Eintreibung der Kriegsgelder. Die »Landschaft« setzte sich aus den kirchlichen und bürgerlichen Ständen, der so genannten württembergischen »Ehrbarkeit«, die Träger der hohen Kulturblüte des 18. Jahrhunderts wurde, zusammen. Der erwähnte Landschaftskonsulent Johann Jacob Moser, der zu dieser »Ehrbarkeit« gehörte, wurde daraufhin von 1759 bis 1764 auf dem Hohentwiel gefangen gesetzt. Die veränderte politische Lage des Jahres 1764 gab den Ständen die Möglichkeit beim Reichshofrat Klage gegen den Herzog einzureichen. Als Ergebnis der Verhandlungen wurde 1770 der »Württembergische Erbvergleich« geschlossen, der im Wesentlichen das Mitspracherecht der Stände bestätigte. Die Wiedereinführung des »alten Rechts« und die Modifizierung des absolutistischen Systems zu einem »aufgeklärten Absolutismus« werden oft als Gründe angegeben, dass auch im Südwesten die »deutsche Revolution« ausblieb.[2] Der württembergische Adel gehörte meist zur Reichsritterschaft, »die zwar anders als der hohe Adel von der Reichsstandschaft ausgeschlossen blieb und schon als solche zum niederen Adel zu rechnen ist, die aber mit ihrem unmittelbaren Verhältnis zu Kaiser und Reich und ihrer treffend als ›Quasi-Landeshoheit‹ umschriebenen Landesherrlichkeit«[3] rechtlich nicht dem Herzog unterstand, aber auch nicht auf den Landtagen vertreten war. Am Hofe Karl Eugens hatte sich aber auch norddeutscher Adel versammelt, der viel mehr als der bodenständige Adel auf die Gunst des Herzogs angewiesen war. Als Beispiel für die Verbrechen und Intrigen des Präsidenten hat Schiller offenbar den Fall des Obersten Philipp Friedrich von Rieger (1722–82) genommen, der dem Herzog die Aushebungen im Siebenjährigen Krieg organisiert hatte. Er wurde aufgrund gefälschter Briefe des im ganzen Land verhassten Ministers Monmartin (1712–78) für einige Jahre wegen Hochverrats eingekerkert.[4]

[1] Oestreich, Gerhard: Verfassungsgeschichte vom Ende des Mittelalters bis zum Ende des alten Reiches (= Gebhardt, Handbuch der deutschen Geschichte, dtv, Bd. 11), 126.

[2] Vgl. Braubach, Max: Von der Französischen Revolution bis zum Wiener Kongreß. (= Gebhardt, Handbuch der deutschen Geschichte, dtv, Bd. 14), 11 f.

[3] Birtsch, Günther: Zur sozialen und politischen Rolle des deutschen, vornehmlich preußischen Adels am Ende des 18. Jahrhunderts. In: Vierhaus, Rudolf (Hrsg.): Der Adel vor der Revolution. Göttingen 1971, 78.

[4] Vgl. Marquardt, Ernst: Geschichte Württembergs. 2. Aufl., Stuttgart 1962, 197 ff.

Aufgabe: Vergleichen Sie die beiden Texte zur historischen Situation Württembergs unter Karl Eugen mit *KABALE UND LIEBE*. Notieren Sie Parallelen und Unterschiede!

FRIEDRICH SCHILLER: Über den Absolutismus der Liebe (1788)

Material 3

Ich halte für Wahrheit, daß Liebe zu einem wirklichen Gegenstande[1] und Liebe zu einem Ideal[2] sich in ihren Wirkungen ebenso ungleich sein müssen, als sie in ihrem Wesen voneinander geschieden sind – daß der uneigennützigste, reinste und edelste Mensch aus enthusiastischer Anhänglichkeit an seine Vorstellung von Tugend und hervorzubringendem Glück sehr oft ausgesetzt ist, ebenso willkürlich mit den Individuen zu schalten, als nur immer der selbstsüchtigste Despot, weil der Gegenstand von beider Bestrebungen in ihnen, nicht außer ihnen wohnt und weil jener, der seine Handlungen nach einem inneren Geistesgebilde model, mit der Freiheit anderer beinahe ebenso im Streit liegt als dieser, dessen letztes Ziel sein eigenes Ich ist. Wahre Größe des Gemüts führt oft nicht weniger zu Verletzungen fremder Freiheit als der Egoismus und die Herrschsucht, weil sie um der Handlung, nicht um des einzelnen Subjekts willen handelt.

[1] hier: konkrete Person.
[2] Auch die Liebe selbst kann zum Ideal erhoben werden.

(aus: Briefe über Don Carlos, 11. Brief)

Aufgabe: Arbeiten Sie die wesentlichen Gedanken, die Schiller in diesem Text äußert, unter Einbeziehung der Argumentationsstruktur heraus, erläutern Sie sie anhand seines Dramas *KABALE UND LIEBE* und nehmen Sie Stellung zu seiner Auffassung (vgl. S. 7).

ERICH FROMM: Die Kunst des Liebens

Material 4a

Nächstenliebe ist Liebe zwischen Gleichen; Mutterliebe ist Liebe zum Hilflosen. So verschieden beide voneinander sind, ihnen ist doch gemein, daß sie sich ihrem Wesen nach nicht auf eine einzige Person beschränken. Wenn ich meinen Nächsten liebe, liebe ich alle meine Nächsten; wenn ich mein Kind liebe, liebe ich alle meine Kinder, nein, ich liebe sogar darüber hinaus alle Kinder, alle, die meiner Hilfe bedürfen. Im Gegensatz zu diesen beiden Arten von Liebe steht die erotische Liebe. Hier handelt es sich um das Verlangen nach vollkommener Vereinigung, nach der Einheit mit einer anderen Person. Eben aus diesem Grund ist die erotische Liebe exklusiv und nicht universal; aber aus diesem Grund ist sie vielleicht auch die trügerischste Form der Liebe.

(aus: Erich Fromm: Die Kunst des Liebens. Frankfurt a. M. 1980, S. 64)

Material
4b

ERICH FROMM: Haben oder Sein
Auch Lieben hat, je nachdem, ob davon in der Weise des Habens oder der des Seins
die Rede ist, zwei Bedeutungen. Kann man Liebe haben? Wenn man das könnte,
wäre Liebe ein Ding, eine Substanz, mithin etwas, was man haben und besitzen
kann. Die Wahrheit ist, daß es kein solches Ding wie »Liebe« gibt. Liebe ist eine Abs-
traktion; vielleicht eine Göttin oder ein fremdes Wesen, obwohl niemand je diese
Göttin gesehen hat. In Wirklichkeit gibt es nur den Akt des Liebens. Lieben ist eine
produktive Tätigkeit, es impliziert, für jemanden (oder etwas) zu sorgen, ihn zu
kennen, auf ihn einzugehen, ihn zu bestätigen, sich an ihm zu erfreuen – sei es ein
Mensch, ein Baum, ein Bild, eine Idee. Es bedeutet, ihn (sie, es) zum Leben zu er-
wecken, seine (ihre) Lebendigkeit zu steigern. Es ist ein Prozeß, der einen erneuert
und wachsen läßt. Wird Liebe aber in der Weise des Habens erlebt, so bedeutet dies,
das Objekt, das man »liebt«, einzuschränken, gefangenzunehmen oder zu kontrollieren. Eine solche Liebe ist erwürgend, lähmend, erstickend, tötend statt belebend.
Was als Liebe bezeichnet wird, ist ein Mißbrauch des Wortes, um zu verschleiern,
daß in Wirklichkeit nicht geliebt wird.

(aus: Erich Fromm: Haben oder Sein. Die seelischen Grundlagen
einer neuen Gesellschaft. Stuttgart 1979. S. 52)

Aufgabe: Betrachten und bewerten Sie die Liebenden aus der Perspektive der neue-
ren Psychologie.

Material
5a

HERBERT KRAFT: Die dichterische Form der »Louise Millerin«
(Text 1)
Eine dichte Exposition bringt schon in der zweiten Szene den Einsatz der Handlung;
die erste Szene hat das Handeln Millers vorbereitet und angekündigt. In ihrem ersten Auftritt, in der dritten Szene, erscheint Luise bereits als die von den Schranken
ihrer Welt eingeengte Tochter – und als die Liebende, die weiß, daß der Adel des
Herzens, der sie mit dem adeligen Geliebten auf gleicher Stufe verbindet, in dieser
Welt nichts bedeutet, daß es keine Möglichkeit in der Zeit gibt, aber eine Hoffnung
in der Ewigkeit. [...] Am Ende des zweiten Aufzugs liegt ein tiefer Einschnitt: Nachdem die Gewalt versagt hat, soll beim zweiten Versuch die Intrige den Kampf für
den Präsidenten und den Hof gewinnen; die Auseinandersetzung wird in das Innere
des Verhältnisses zwischen Luise und Ferdinand hineingespielt. Wurm hat erkannt,
wo für die Kabale die einzige Chance liegt: »Überlassen Sie mir, an ihrem eigenen
Feuer den Wurm auszubrüten, der sie frißt.« Jetzt beginnt die eigentliche Tragödie.
[...]
(aus: Kraft, Herbert: Die dichterische Form der »Louise Millerin«. In: ZdfPh 85 (1966), S. 9, 12.)

Material
5b

HEINZ OTTO BURGER: Die bürgerliche Sitte
(Text 2)
Die beiden ersten Szenen zwischen dem Musikus Miller und seiner Frau, dem Ehepaar und Wurm zeigen eine prall verdichtete Wirklichkeit in realistischem Sinne.
Dergleichen gibt es sonst weder bei Schiller noch in der gesamten Klassik und Ro-
mantik. [...] Die letzten drei Szenen führen dann aus der Bürgerstube in den Saal
des Präsidenten und bringen hier die Kabale in Gang. So bietet der 1. Akt eine der
glänzendsten Expositionen in der deutschen Dramengeschichte. Was uns an diesem
Akt bis zur Bestürzung beeindruckt, sind nicht eigentlich die Unterschiede im Cha-

rakter der Menschen, die von nun an die Handlung zu tragen haben, sondern vielmehr die Unterschiede in dem, was ihnen Wirklichkeit bedeutet. [...]

(aus: Burger, Heinz Otto: Die bürgerliche Sitte. In: ders.:
Dasein heißt eine Rolle spielen. München 1963, S. 199 f.)

BERNHARD ASMUTH: Anagnórisis und Peripetie

Noch deutlicher wissensorientiert als Verwicklung und Auflösung sind die beiden Erscheinungen, die laut Aristoteles den Übergang zwischen ihnen garantieren: Peripetie (Glückswechsel) und Anagnórisis (Entdeckung, Enthüllung). Mit der Anagnórisis beschäftigt sich Aristoteles näher. Die Anagnórisis setzt einen länger herrschenden Irrtum voraus, der durch sie beendet wird. Odoardo, der Vater Emilia Galottis, wird z. B. im 4. Akt von Gräfin Orsina über die Hintergründe des Attentats auf seinen Schwiegersohn aufgeklärt. Dem Irrtum selber, genauer gesagt, dem Beginn des Irrtums, entspricht in der aristotelischen Tragödientheorie der Fehler (hamartia) des Helden.

Die Peripetie, der Wechsel vom Glück ins Unglück oder umgekehrt, erscheint primär nicht als Wissensumschwung wie Anagnórisis, sondern als Handlungsumschwung. Aber auch sie bringt eine Wissensveränderung mit sich. Nur bezieht sich diese nicht auf Irrtümer der Vergangenheit, sondern auf zukunftsgerichtete Hoffnungen und Befürchtungen, die plötzlich von widrigen bzw. günstigen Umständen oder Gegenspielern durchkreuzt und so als grundlos erkannt werden. Nach Aristoteles gerät die Anagnórisis am besten, wenn sie mit der Peripetie zusammenfällt. Manche Dramatiker haben einen solchen doppelten Umschwung in die Mitte des Stückes verlegt und zum Teil punktuell fixierbar gemacht. Schiller, der seine Dramen von einer meist im dritten Akt angesiedelten Kernszene zu entwerfen liebte, sprach nicht von Peripetie, sondern – im Hinblick auf den Schaffensprozeß – von einem»Punctum saliens«, einem springenden Punkt also. Seine die Dramenproduktion begleitenden Briefe klagen hauptsächlich über die Schwierigkeiten, dieses organisierende Zentrum zu finden.

(aus: Asmuth, Bernhard: Einführung in die Dramenanalyse. Stuttgart 1980, S. 131)

GERO VON WILPERT: Stichwort ›Katastrophe‹

Katastrophe (griech. Wendung, Umsturz), in der Dramaturgie besonders der Tragödie entscheidender Wendepunkt meist am Abschluß der Handlung, bringt die Lösung des Konflikts und bestimmt das Schicksal des Helden zum Schlimmen (Untergang in der Tragödie) oder zum Guten (humorvolle Lösung der Verwicklung in der Komödie). Im Ideendrama gibt sie der Idee höchste Leuchtkraft. [...] G. Freytags Dramentheorie verlegt die Katastrophe in den Schlußakt.

(aus: Gero von Wilpert: Sachwörterbuch der Literatur. Stuttgart 1979, S. 399)

FRIEDRICH SCHILLER: Dramentheorie in der Phase des Sturm und Drang

[...] Man nehme dieses Schauspiel für nichts anderes als eine dramatische Geschichte, die die Vorteile der dramatischen Methode, die Seele gleichsam bei ihren geheimsten Operationen zu ertappen, benutzt, ohne sich übrigens in die Schranken eines Theaterstücks einzuzäunen oder nach dem so zweifelhaften Gewinn theatralischer Verkörperung zu geizen. Man wird mir einräumen, daß es eine widerspenstige Zumutung ist, binnen drei Stunden drei außerordentliche Menschen zu erschöpfen, deren Tätigkeit von vielleicht tausend Räderchen abhängt, so wie es in der Natur der

Dinge unmöglich kann gegründet sein, daß sich drei außerordentliche Menschen auch dem durchdringendsten Geisterkenner innerhalb vierundzwanzig Stunden entblößen. Hier war Fülle ineinandergedrungener Realitäten vorhanden, die ich unmöglich in die allzu engen Pallisaden des Aristoteles und Batteux [frz. Kunsttheoretiker] einkeilen konnte. [...]

(aus: Die Räuber, Vorrede zur ersten Buchausgabe 1781)

Material 7b

ANDREAS HUYSSEN: Schillers dramaturgische Schriften
[...] Schon in seiner Besprechung der *RÄUBER* im »Wirtembergischen Repertorium« (1782) übte er Selbstkritik. In der vorangegangenen unterdrückten Vorrede zu den *RÄUBERN* (1781) hatte es noch ganz shakespearisierend geheißen: »Ich kann demnach eine Geschichte dramatisch abhandeln, ohne darum ein Drama schreiben zu wollen. Das heißt: Ich schreibe einen dramatischen Roman, und kein theatralisches Drama. Im ersten Fall darf ich mich nur den allgemeinen Gesetzen der Kunst, nicht aber den besondern des theatralischen Geschmacks unterwerfen.« Ein Jahr später dann in der Selbstrezension heißt es kritisch über die *RÄUBER*: »Die Sprache und der Dialog dörften sich gleicher bleiben und im ganzen weniger poetisch sein. Hier ist der Ausdruck lyrisch und episch, dort gar metaphysisch, an einem dritten Ort biblisch, an einem vierten platt. [...] Wenn man es dem Verfasser nicht an den Schönheiten anmerkt, daß er sich in seinen Shakespeare vergafft hat, so merkt man es desto gewisser an den Ausschweifungen. [...] Im nächsten Drama erwartet man Besserung, oder man wird ihn zu der Ode verweisen.« Besserung aber kann hier nur Abbau der epischen und lyrischen Vielfältigkeit zugunsten dramatischer Konzentration meinen. Im folgenden Jahr tadelt Schiller an der Erstfassung von *KABALE UND LIEBE* »die gothische Vermischung von Komischem und Tragischem, die allzu freie Darstellung einiger mächtiger Narrenarten und die zerstreuende Mannigfaltigkeit des Details« (Brief an Reinwald vom 27. 3. 1783). Die Endfassung von *KABALE UND LIEBE* vor allem beweist dann, daß Schiller sich für das theatralische Drama, nicht für den dramatischen Roman entschieden hat. [...] Stärker als Goethe und Lenz betont Schiller das Formprinzip der in sich abgeschlossenen Einheit. In den Vorreden zu den *RÄUBERN* hatte Schiller den Dramatiker noch als getreuen Kopisten der wirklichen Welt und als Menschenmaler bezeichnet, beides Ausdrücke, die auf den Ausschnittcharakter des Dargestellten verweisen. Im Aufsatz *ÜBER DAS GEGENWÄRTIGE TEUTSCHE THEATER* jedoch ist die Rede von einer Harmonie und Symmetrie im Kleinen, die im Miniaturgemälde die »Harmonie des Großen« und die »Symmetrie des Ganzen« erkennen lassen müsse. [...]

(aus: Andreas Huyssen: Drama des Sturm und Drang, S. 125, 1980)

Material 7c

FRIEDRICH SCHILLER: Über das gegenwärtige teutsche Theater (1782)
[...] Werden darum weniger Mädchen verführt, weil Sara Sampson ihren Fehltritt mit Gift büßet? Eifert ein einziger Ehemann weniger, weil der Mohr von Venedig sich so tragisch übereilte? [...] Wenn Odoardo den Stahl, noch dampfend vom Blut seines Kindes, zu den Füßen des fürstlichen armen Sünders wirft, dem er seine Mätresse so zugeführt hat – welcher Fürst gibt dem Vater seine geschändete Tochter wieder? Ich zweifle gewaltig [...]. Ja, glücklich genug, wenn eure Emilia, wenn sie so verführerisch jammert, so nachlässig schön dahinsinkt, so voll Delikatesse und Grazie ausröchelt, nicht noch am sterbenden Reizen die wollüstige Lunte entzündet und eurer tragischen Kunst aus dem Stegreif hinter den Kulissen ein demütiges Op-

fer gebracht wird. [...] Bevor das Publikum für seine Bühne gebildet ist, dörfte wohl schwerlich die Bühne ihr Publikum finden. [...]

FRIEDRICH SCHILLER: Die Schaubühne als moralische Anstalt betrachtet (1784) [...] Die Gerichtsbarkeit der Bühne fängt an, wo das Gebiet der weltlichen Gesetze endigt. Wenn die Gerechtigkeit für Gold verblindet und im Solde der Laster schwelgt, wenn die Frevel der Mächtigen ihrer Ohnmacht spotten und Menschenfurcht den Arm der Obrigkeit bindet, übernimmt die Schaubühne Schwert und Waage und reißt die Laster vor einen schrecklichen Richterstuhl. [...] So gewiß sichtbare Darstellung mächtiger wirkt als toter Buchstabe und kalte Erzählung, so gewiß wirkt die Schaubühne tiefer und dauernder als Moral und Gesetze. Auch hier unterstützt sie die weltliche Gerechtigkeit nur – ihr ist noch ein weiteres Feld geöffnet. Tausend Laster, die jene ungestraft duldet, straft sie; tausend Tugenden, wovon jene schweigt, werden von der Bühne empfohlen. Hier begleitet sie die Weisheit und die Religion. Aus dieser reinen Quelle schöpft sie ihre Lehren und Muster und kleidet die strenge Pflicht in ein reizendes lockendes Gewand. Mit herrlichen Empfindungen, Entschlüssen, Leidenschaften schwellt sie unsere Seele, welche göttlichen Ideale stellt sie uns zur Nacheiferung aus! [...] Unmöglich kann ich hier den großen Einfluß übergehen, den eine gute stehende Bühne auf den Geist der Nation haben würde. Nationalgeist eines Volkes nenne ich die Ähnlichkeit und Übereinstimmung seiner Meinungen und Neigungen bei Gegenständen, worüber eine andere Nation anders meint und empfindet. Nur der Schaubühne ist es möglich, diese Übereinstimmung in einem hohen Grad zu bewirken, weil sie das ganze Gebiet des menschlichen Wissens durchwandert, alle Situationen des Lebens erschöpft und in alle Winkel des Herzens leuchtet; weil sie alle Stände und Klassen in sich vereinigt und den gebahntesten Weg zum Verstand und zum Herzen hat. Wenn in allen unsern Stücken ein Hauptzug herrschte, wenn unsre Dichter unter sich einig werden und einen festen Bund zu diesem Endzweck errichten wollten – wenn strenge Auswahl ihre Arbeiten leitete, ihr Pinsel nur Volksgegenständen sich weihte – mit einem Wort, wenn wir es erlebten, eine Nationalbühne zu haben, wo würden wir auch eine Nation. Was kettete Griechenland so fest aneinander? Was zog das Volk so unwiderstehlich zur Bühne? Nichts anderes als der vaterländische Geist ihrer Stücke, der griechische Geist, das große überwältigende Interesse des Staates, der besseren Menschheit, das in denselben atmete. [...]

(aus der Druckfassung: Was kann eine gute stehende Bühne eigentlich wirken? (1785))

Material
7d

›Kabale und Liebe‹ im 20. Jahrhundert

Hamburg (dpa). Der 28jährige Student Ali J. hat in Hamburg seine 26 Jahre alte Freundin Irmtraud K. getötet und anschließend versucht, Selbstmord zu begehen. Ein Mitbewohner des Studentenheims im Hamburger Stadtteil Rotherbaum hatte die Leiche der jungen Frau auf dem Bett im Zimmer des Libanesen entdeckt. Sie wies nach Mitteilung der Polizei vom gestrigen Dienstag schwere Schnittverletzungen am Hals und an den Handgelenken auf. Auf dem Kopfkissen stand mit Lippenstift geschrieben:»Unsere Liebe ist größer als bei Romeo und Julia«. Ali J. hatte ebenfalls versucht, sich die Pulsadern aufzuschneiden. Er lief – offenbar unter Tabletteneinfluß – blutverschmiert durch das Studentenheim. Der 28jährige wurde gestern ins Lazarett des Untersuchungsgefängnisses gebracht.

(aus: Schauspiel Bonn [Hrsg.]: Programmheft zu»Kabale und Liebe«
von Friedrich Schiller. Bonn 1993, S. 24)

Material
8

Material 9   Dr. Mag love: Aufruf an junge Autoren

»Schickt uns Eure schönste Liebesgeschichte!« Mit diesem Aufruf möchte DR. MAG love, das ZDF-Jugendmagazin für Liebe, Freundschaft und Sexualität, Schülerinnen und Schüler aktivieren, erlebte oder geträumte, kitschige, traurige oder lustige, wahre oder erfundene Liebesgeschichten aufzuschreiben und an die Redaktion DR. MAG love zu schicken. Unter den Einsendungen wird die schönste Lovestory ausgewählt, von uns verfilmt und prämiert.

(aus einem Anschreiben des ZDF vom 2. 10. 1996)

Anhang

Anmerkungen

[1] Bernd W. Seiler (1982): Vieldeutigkeit und Deutungsvielfalt oder: Das Problem der Beliebigkeit im Umgang mit Literatur. In: DU 34, 6, 93 f.

[2] Wolfgang Binder (1958): Schiller. Kabale und Liebe. In: Wiese, Benno von: Das deutsche Drama vom Barock bis zur Gegenwart. Bd. 1. Düsseldorf, 252.

[3] Wiese, Benno von (1959): Friedrich Schiller. Stuttgart, 192.

[4] Storz, Gerhard (1959): Der Dichter Friedrich Schiller. Stuttgart, 96.

[5] Vgl. Binder (1968), 252.

[6] Lahnstein, Peter (1981): Schillers Leben. Frankfurt a. M., 11 f.

[7] Vgl. Lahnstein (1981), 100 f., vgl. auch Burschell, Friedrich (1958): Friedrich Schiller. Hamburg, 34 f.

[8] Schillers Briefe. Herausgegeben von Fritz Jonas. Bd. 1, Stuttgart o. J., 68, 73.

[9] Schillers Briefe, 1131.

[10] Vgl. Burger, Heinz Otto (1963): Die bürgerliche Sitte. In: Ders.: Dasein heißt eine Rolle spielen. München, 201.

[11] Korff, Heinrich August (1923): Geist der Goethezeit. Teil 1. I Sturm und Drang. Leipzig, 209.

[12] Lahnstein, Peter (1981), 148.

[13] Nachbemerkung (1990). In: Friedrich Schiller: Kabale und Liebe. Reclam Universal-Bibliothek. Stuttgart, 111.

[14] Vgl. Ruppert, Wolfgang (1983): Bürgerlicher Wandel. Die Geburt der modernen deutschen Gesellschaft im 18. Jahrhundert. Frankfurt a. M. Vgl. auch: Vierhaus, Rudolf (1981): Bürger und Bürgerlichkeit im Zeitalter der Aufklärung. Heidelberg und: Kiesel, Helmut u. Paul Münch (1977): Gesellschaft und Literatur im 18. Jahrhundert. Voraussetzung und Entstehung des literarischen Marktes in Deutschland. München.

[15] Miller nennt sich bescheiden »Geiger« (7, 39). Wurm will offenbar die Stellung seines Schwiegervaters in spe herausstellen (»Musikmeister«, 9, 16). Daneben gibt es noch die eher abfälligen Bezeichnungen »Musikus« und »Musikant« (5, 16, 51, 86).

[16] Vgl. Schwab, Heinrich W. (1979): Stadtpfeifer. In.: Musik in Geschichte und Gegenwart. Bd. 16. Kassel, Sp. 1731–1743.

[17] Weitere Abgrenzungsmerkmale sind Kleidung, Lebensstil, Kultur und Sprache. Man vergleiche einmal, welche Bedeutung die Klei-

dung für den Hofmarschall und für Miller hat (39). Lebensstil und Esskultur sind deutlich unterschieden (6). Wenn Miller einwirft, er wolle »teutsch und verständlich« (45) reden, so stellt er hier seine Muttersprache der französischen Hofsprache entgegen. Vorstellungen, dass der dritte Stand eigentlich die Nation ausmache (Vgl. Abbé Sieyès), mögen hier mit hineinspielen.

[18] »Handel«, »Kommerz« (5), »Handwerk« (6), »Geld«, »Blutgelt«, »Markt« (7), »Wirtschaft« (39), »Diebstahl«, »Eigentum«, »Kapital«, »Hab und Gut«, »verrechnen« (89), »Reichtum«, »Markt« (99), »abkaufen« (110).

[19] Vgl. Ruppert (1983), 23 f.

[20] Ruppert (1983), 24.

[21] Vgl. Prüsener, Marlies (1972): Lesegesellschaften im 18. Jahrh. Frankfurt a. M.

[22] Kosellek, Reinhard (1981): Bürgertum und bürgerliche Moral. Frankfurt a. M., 27 ff.

[23] *Kabale und Liebe*, S. 15, 26, 29 (Kammerdiener) 34, 36, 38, 63, 65, 66, 68, 74, 79, 92 (Miller).

[24] Ruppert (1983), 37.

[25] Kiesel/Münch (1977), 43.

[26] Nach ihrer Selbstdarstellung stammt Lady Milford (Johanna Norfolk) aus einem Familienclan der Peers, des englischen Hochadels, der allein das Recht auf Sitz und Stimme im Oberhaus hatte. Mit der Entfaltung der Marktgesellschaft und der Vergeldlichung des Feudalwesens hatte die ständische Gliederung der englischen Gesellschaft nach und nach an Bedeutung verloren. Obwohl der Hochadel formell keine weiteren Vorrechte mehr besaß, war er doch aufgrund der ökonomischen Stärke und der Klientelverbindungen faktisch die effektiv herrschende Klasse im 18. Jahrhundert, während breite Bevölkerungsschichten wirtschaftlich abhängig und politisch entmündigt waren. Schillers Idealbild der »freigeborenen Tochter des freiesten Volkes« (33) muss vor diesem Hintergrund betrachtet werden. Die Rechtssicherheit durch das »Common Law« wird durch das erlittene Unrecht des Vaters selbst hinterfragt (34). Vgl. Kluxen, Kurt: Der englische Adel im 18. Jahrhundert. In: Vierhaus: a.a.O., 9–28.

[27] Vgl. Ruppert (1983), 24.

[28] Vgl. Marquardt, Ernst (²1962): Geschichte Württembergs, Stuttgart, 280 f., Storz (1959), 17 f. Es ist möglich, dass Schiller mit der Figur

des Sekretärs auch auf das »Regiment der Schreiber«, eine württembergische Besonderheit, anspielen wollte. Der Schreiberstand hatte sich in Verwaltung und Rechtsprechung eine einflussreiche Stellung geschaffen und nutzte diese Stellung auch zu persönlichen Zwecken aus.

29 »Der topisch beschworene Gegensatz zwischen ›lasterhaftem‹ Adeligen und ›tugendhaftem‹ Bürger signalisiert die Krise, in die der Adel zu Ende des 18. Jahrhunderts geraten war.« Kiesel/Münch (1977), 46.

30 Vgl. Sieder, Reinhard (1977): Ehe, Fortpflanzung und Sexualität. In: Mitterauer, Michael und Reinhard Sieder: Vom Patriarchat zur Partnerschaft. Zum Strukturwandel der Familie. München, 151 f.; als Privilegien muss man nennen: Steuer- und Zollfreiheit, eigener Gerichtsstand, patrimoniale Gerichtsbarkeit, Anwartschaft auf bestimmte Ämter, Standesvorrang durch Titel, Kleidung, Sonderplätze bei öffentlichen Veranstaltungen etc.

31 Die Anbiederung der Millerin durch ihre Sprache (5, 6, 7), aber auch die Pläne Millers (»Und soll mir Französisch lernen aus dem Fundament und Menuett-Tanzen und Singen …«, 100) sind daher auch Hinweise auf die Selbstverleugnung.

32 Vgl. Huyssen, Andreas (1980): Drama des Sturm und Drang. München, 43.

33 Vgl. Kühne, Eckehard (1987): Zur Sozial- und Rechtsgeschichte der Europäischen Familie. In: Ebel, Heinrich, Alfons Cramer, Rolf Eickelpasch, Eckehard Kühne: Familie in der Gesellschaft. Gestalt-Standort-Funktion. Teil II. (= Schriftenreihe der Bundeszentrale für politische Bildung, Bd. 133) Bonn, 90–113. Vgl. Weber-Kellermann, Ingeborg (1974): Die deutsche Familie. Versuch einer Sozialgeschichte. Frankfurt a. M., 74 ff., 97 ff. Vgl. Mitterauer/Sieder: a.a.O., 21–23, 42 f.

34 Vgl. Mitterauer/Sieder (1977), 133 f.

35 Vgl. Schiller, Friedrich: An die Freude, 3. Strophe: Die Freude regt sich in allen lebendigen Wesen, vom Wurm bis zum Engel. Mit »Engel« redet Ferdinand Luise an.

36 Vgl. Kraft, Herbert (1978): Um Schiller betrogen. Pfullingen, 73.

37 Ebenda.

38 Ebenda, 75 f.

39 Schiller, Friedrich: Die Schaubühne als eine moralische Anstalt betrachtet. In: Sämtliche Werke, herausgegeben von Gerhard Fricke und Herbert G. Göpfer, Bd. 5, München 31962, 823.

40 Vgl. Lindström, V. (31960): Eros und Agape. In: RGG, Bd. 4, Sp. 603–605, vgl. Scholz, Helmut (1929): Eros und Caritas. Die platonische Liebe und die Liebe im Sinne des Christentums, Halle, vgl. Warnach, V. (1970): Liebe. In: Fries, Heinrich (Hrsg.): Handbuch theologischer Grundbegriffe. Bd. 3. München, S. 55–77: »Allerdings wird die natürliche Liebe [Eros, in der Bibel] nicht so sehr in ihrem Eigenwert oder gar in ihrer Erdgebundenheit bejaht, sondern von Gott und seinem Walten in der Geschichte, also von der Agape her, durch die sie erlöst und erneuert und erfüllt wird.« (56) Dieser Hinweis Warnachs kann als theologischer Kommentar zur Äußerung Millers betrachtet werden. Vgl. Caspar, Bernhard (1973): Liebe. In: Krings, Hermann u. a. (Hrsg.): Handbuch philosophischer Grundbegriffe. Bd. 3. München, 860–867, vgl. auch 1. Korinther 13, 1–7 und Mat. 3/4. Eine intensive Auseinandersetzung mit dem Begriff der Liebe findet sich schon in Schillers PHILOSOPHISCHEN BRIEFEN, die er bereits in seiner Akademiezeit begonnen hatte und 1786 in der »Thalia« veröffentlichte. Die Liebe nimmt im Kernstück dieser Briefe, in der THEOSOPHIE DES JULIUS, eine zentrale Stellung ein.

41 Kraft, Herbert (1966): Die dichterische Form der »Louise Millerin«. ZfdPh 85, 113.

42 Vgl. Kraft (1966), 9.

43 Vgl. Korff (1923), 207.

44 Burger (1963), 203.

45 Burger (1963), 204.

46 Huyssen (1980), 214.

47 Der Fluchtplan ist insofern schon irreal, als Miller inzwischen in aller Stille verhaftet worden ist. (51) Luise weiß allerdings noch nichts von dieser Verhaftung. (61)

48 Martini, Fritz (1952): Schillers KABALE UND LIEBE. Bemerkungen zur Interpretation des »Bürgerlichen Trauerspiels«. Deutschunterricht 4, Heft 5, S. 29.

49 Janz, Rolf-Peter (1976): Schillers KABALE UND LIEBE als bürgerliches Trauerspiel. JDSG 20, 218.

50 Herrmann, Hans Peter und Martina Herrmann (31987): Friedrich Schiller: Kabale und Liebe, 70. Vorgeprägt sind diese Gedanken des Despotismus der Liebe in Schillers THEOSOPHIE DES JULIUS seiner PHILOSOPHISCHEN BRIEFEN, die in der Zeit der Arbeit an KABALE UND LIEBE entstanden.

51 Binder, Wolfgang (1958): Schiller: Kabale und Liebe. In: Wiese, Benno von: Das deutsche Drama. Vom Barock zur Gegenwart. Interpretationen I. Düsseldorf, 259 f.

52 Vgl. Kraft (1966), 13.

53 Martini (1952), 39.

54 Vgl. Guthke, Karl S. (41984): Das deutsche bürgerliche Trauerspiel. Stuttgart. Vgl. Szondi, Peter (41979): Die Theorie des bürgerlichen Trauerspiels im 18. Jahrhundert. Herausgegeben von Gert Mattenklott. Frankfurt a. M.: Vgl. Guthke, Karl S. (1980): Das bürgerliche Drama des 18. und frühen 19. Jahrhunderts. In: Hinck, Walter (Hrsg.): Handbuch des deutschen Dramas. Düsseldorf, 76–92.

55 Vgl. Martini (1952), 22, 33.

56 Vgl. Huyssen (1980), 210.

57 Vgl. Burger (1963), 200.

58 Vgl. Asmuth, Bernhard ([3]1990): Einführung in die Dramenanalyse. Stuttgart, 106 f.

59 Huyssen (1980), 18.

60 Huyssen (1980), 48:»Ebenso wie Adorno jedoch an einem substantiellen Begriff von Wahrheit und Vernunft festhielt, so richtete sich die Kritik der Stürmer und Dränger nicht gegen die Vernunft per se, sondern nur gegen ein einseitiges auf Ratio allein gegründetes Menschenbild, zumal wenn dabei der engstirnige in Deutschland dominierende Rationalismus der Wolffschen Schule den Bezugspunkt bildete.« Vgl. auch Jürgen Zenke (1980): Das Drama des Sturm und Drang. In: Hinck, Walter (Hrsg.), Handbuch des deutschen Dramas. Düsseldorf, 124.

61 Vgl. Huyssen (1980), 47.

62 Lavater, Johann Casper (1778): Physiognomische Fragmente zur Beförderung der Menschenkenntnis und Menschenliebe. In: Nicolai, Heinz (Hrsg.) (1971): Sturm und Drang. Dichtungen und theoretische Texte. Darmstadt. Bd. 1, 344. Vgl. auch Beckmann, Jürgen ([2]1978): Sturm und Drang. In: Krywalski, Diether (Hrsg.): Handlexikon zur Literaturwissenschaft. Hamburg. Bd. 2, 461–466.

63 Vgl. Zenke (1980), 123.

64 Vgl. Huyssen (1980), 74–84.

65 Müller (gen. Maler Müller), Friedrich (1778): Fausts Leben dramatisiert. Vorrede an Herrn Freiherrn von Gemmingen. In: Nicolai, Heinz (Hrsg.) (1971): Sturm und Drang, Bd. 2, 1301.

66 Lavater (1778), 341.

67 Schiller, Friedrich (1786): Philosophische Briefe. In: Sämtliche Werke, herausgegeben von Gerhard Fricke und Herbert G. Göpfert. München [3]1962, 344–358.

68 Vgl. Rohrmoser, Günter (1959): Theodizee und Tragödie im Werk Schillers. In: Berghahn, Klaus und Reinhold Grimm (1972): Schiller. Zur Theorie und Praxis der Dramen. Darmstadt, 233–248.

69 Vgl. Binder (1958), 254 f., vgl. auch Müller, Joachim (1934): Der Begriff des Herzens in

Schillers KABALE UND LIEBE. In: Germanisch-Romanische Monatszeitschrift 22, S. 429–437.

70 Herder, Johann Gottfried (1767): Von den Lebensaltern einer Sprache. Aus: Über die neuere Deutsche Literatur. In: Nicolai (1971), 171, vgl. auch Beckmann ([2]1978), 462.

71 Vgl. Asmuth ([3]1990), 5, 193 f.

72 Huyssen (1980), 128.

73 Vgl. Wiese, Benno von (1959): Friedrich Schiller. Stuttgart, 110–114; dagegen Huyssen (1980), 129.

74 Koopmann, Helmut (1979): Drama der Aufklärung. Kommentar zu einer Epoche. München, 155; vgl. auch Scheurer, Helmut (1991): »Theater der Verstellung« – Lessings EMILIA GALOTTI und Schillers KABALE UND LIEBE. In: DU 43, Heft 6, 58–74.

75 Vgl. Herrmann/Herrmann ([3]1987), 60.

76 Burger (1963), 201.

77 Martini (1952), 20.

78 Binder (1958), 262.

79 Burger (1963), 206 f.

80 Von Wiese, Benno (1959), Friedrich Schiller, 218.

81 Kraft, 19.

82 Janz, 220.

83 Huyssen, 211.

84 Kraft, 21.

85 Herrmann/Herrmann ([3]1987), 62.

86 In der französischen Rezeption wirkten offenbar Schillers Jugenddramen als Revolutionsdramen, die Verleihung des französischen Bürgerrechts (9. 9. 1792) deutet darauf hin.

87 Schillers KABALE UND LIEBE. Das Mannheimer Soufflierbuch. Herausgegeben und interpretiert von Herbert Kraft. Mannheim 1963.

88 Dokumente zur Wirkungsgeschichte. In: Erläuterungen und Dokumente zu Friedrich Schiller: Kabale und Liebe. Herausgegeben von Walter Schafarschik. Stuttgart 1980, 100–103.

89 Vgl. Burger (1963), 198 f.

90 Darstellung und Zitate nach Piedmont, Ferdinand (Hrsg.) (1990): Schiller spielen. Stimmen der Theaterkritik 1946–1985. Darmstadt, 67, 68, 71, 73, 74, 78, 80, 86, 93, 106, 101.

91 Vgl. Beckmann ([2]1978).

92 Vgl. Huyssen (1980), 74 f.

93 Vgl. Piedmont (1990).

Literaturverzeichnis

Primärliteratur

Schiller, Friedrich: Kabale und Liebe. Ein Bürgerliches Trauerspiel. Reclams UB 33. Stuttgart 1990 (Abkürzung KuL, zit. Seitenzahlen in Klammern)

Schillers *KABALE UND LIEBE*. Das Mannheimer Soufflierbuch. Herausgegeben und interpretiert von Herbert Kraft. Mannheim 1963

Schiller, Friedrich: Sämtliche Werke.

Herausgegeben von Gerhard Fricke und Herbert G. Göpfert. Bd. 1–5. München ³1962

Schillers Briefe. Herausgegeben von Fritz Jonas. Bd. 1. Stuttgart o. J.

Sturm und Drang. Dichtungen und theoretische Texte in zwei Bänden. Herausgegeben von Heinz Nicolai. Darmstadt 1971

Sekundärliteratur *(Auswahl)*

Asmuth, Bernhard (³1990): Einführung in die Dramenanalyse. Stuttgart

Auerbach, Erich (1946): Musikus Miller. In: ders.: Mimesis. Dargestellte Wirklichkeit in der abendländischen Literatur, Bern

Beck, Adolf (1955): Die Krisis des Menschen im Drama des jungen Schiller. In: Euphorion 49, 163–202

Becker, Eva D. (1972): Schiller in Deutschland 1781–1970. Materialien zur Schiller-Rezeption. Frankfurt a. M.

Beyer, Karen (1993): »Schön wie ein Gott und männlich wie ein Held«. Zur Rolle des weiblichen Geschlechtercharakters für die Konstituierung des männlichen Aufklärungshelden in den frühen Dramen Schillers. Stuttgart

Binder, Wolfgang (1958): Schiller. Kabale und Liebe. In: Das deutsche Drama vom Barock bis zur Gegenwart. Hrsg. von Benno von Wiese. Bd. 1. Düsseldorf, 248–268

Burger, Heinz Otto (1963): Die bürgerliche Sitte. Schillers *KABALE UND LIEBE*. In: ders.: Dasein heißt eine Rolle spielen. München

Burschell, Friedrich (1958): Friedrich Schiller – mit Selbstzeugnissen und Bilddokumenten. Hamburg

Daly, Peter M. und Claus O. Lappe (1976): Text- und Variantenkonkordanz zu Schillers *KABALE UND LIEBE*. Berlin

Fingerhut, Karlheinz (1984): 200 Jahre Uraufführung Kabale und Liebe. In: DU 2/1984, S. 112–117

Greis, Jutta (1991): Drama Liebe. Zur Entstehungsgeschichte der modernen Liebe im Drama des 18. Jahrhunderts. Stuttgart

Guthke, Karl S. (1979): Kabale und Liebe. In: Walter Hinderer (Hrsg.): Schillers Dramen. Neue Interpretationen. Stuttgart

Guthke, Karl S. (1980): Das bürgerliche Drama des 18. und des frühen 19. Jahrhunderts. In: Walter Hinck (Hrsg.): Handbuch des deutschen Dramas, Düsseldorf, 76–92

Guthke, Karl S. (⁴1984): Das deutsche bürgerliche Trauerspiel. Stuttgart

Herrmann, Hans Peter u. Martina Herrmann (1983): Friedrich Schiller. Kabale und Liebe. Grundlagen und

Gedanken zum Verständnis des Dramas. Frankfurt a. M.

Hinck, Walter (Hrsg.) (1978): Sturm und Drang. Ein literaturwissenschaftliches Studienbuch. Kronberg i. T.

Huyssen, Andreas (1980): Drama des Sturm und Drang. Kommentar zu einer Epoche. München

Janz, Rolf Peter (1976): Schillers KABALE UND LIEBE als bürgerliches Trauerspiel. In: Jahrbuch der dt. Schillergesellschaft 20, 208–228

Knobloch, Hans-Jörg und Koopmann, Helmut [Hrsg.] (1996): Schiller heute. Tübingen

Koopmann, Helmut (1979): Drama der Aufklärung. Kommentar zu einer Epoche. München

Kraft, Herbert (1966): Die dichterische Form der »Louise Millerin«. In: Zeitschrift für deutsche Philologie 85, 7–21

Kraft, Herbert (1978): Um Schiller betrogen. Pfullingen

Korff, Heinrich August: Geist der Goethezeit. Teil 1, I. Sturm und Drang. Leipzig 1923

Lahnstein, Peter (1981): Schillers Leben. München

Martini, Fritz (1952): Schillers KABALE UND LIEBE. Bemerkungen zur Interpretation des »Bürgerlichen Trauerspiels«. In: Der Deutschunterricht 4, Heft 5, 18–39

Mehring, Franz (1894): Schillers KABALE UND LIEBE. In: ders.: Aufsätze zur deutschen Literatur von Klopstock bis Weerth. Berlin 1961

Mönch, Cornelia (1993): Abschrecken oder Mitleiden. Das deutsche bürgerliche Trauerspiel im 18. Jahrhundert. Tübingen

Müller, Joachim (1934): Der Begriff des Herzens in Schillers Kabale und Liebe. In: Germanisch-Romanische Monatszeitschrift 22, 429–437

Müller-Seidel, Walter (1955): Das stumme Drama der Luise Millerin. In: Jahrbuch der Goethe-Gesellschaft, NF 17, 91–103

Oellers, Norbert (Hrsg.) (1970): Schiller – Zeitgenosse aller Epochen. Dokumente zur Wirkungsgeschichte Schillers in Deutschland. 2 Bde. Frankfurt a. M.

Oellers, Norbert (1996): Friedrich Schiller. Frankfurt

Piedmont, Ferdinand (Hrsg.) (1990): Schiller spielen. Stimmen zur Theaterkritik 1946–1985, Darmstadt

Riedel, Wolfgang (1985): Die Anthropologie des jungen Schiller. Zur Ideengeschichte der medizinischen Schriften und der PHILOSOPHISCHEN BRIEFE. Würzburg

Rohrmoser, Günter (1959): Theodizee und Tragödie im Werk Schillers. In: Berghahn, Klaus und Reinhold Grimm (1972): Schiller. Zur Theorie und Praxis der Dramen. Darmstadt, 233–248

Schafarschik, Wolfgang (Hrsg.) (1980): Friedrich Schiller. Kabale und Liebe. Erläuterungen und Dokumente. Reclam UB 8149. Stuttgart

Scheurer, Helmut (1991): »Theater der Verstellung« – Lessings EMILIA GALOTTI und Schillers KABALE UND LIEBE. In: Der Deutschunterricht 43, Heft 6, 58–74

Schings, Hans Jürgen (1996): Die Brüder des Marquis Posa. Friedrich Schiller und der Geheimbund der Illuminaten. Tübingen

Storz, Gerhard (1959): Der Dichter Friedrich Schiller. Stuttgart

Streicher, Andreas: Schillers Flucht von Stuttgart und Aufenthalt in Mannheim von 1782 bis 1785. Hrsg. von Paul Raabe. Reclam UB 4652. Stuttgart

Szondi, Peter (⁴1979): Die Theorie des bürgerlichen Trauerspiels im

18. Jahrhundert. Der Kaufmann, der Hausvater und der Hofmeister. Hrsg. von Gert Mattenklott. Frankfurt a. M.

Wiese, Benno von (1959): Friedrich Schiller. Stuttgart

Wilkonson, Elizabeth M. u. Leonhard

A. Willoughby (1945): Schillers Kabale und Liebe. Oxford

Zenke, Jürgen (1980): Das Drama des Sturm und Drang. In: Walter Hinck (Hrsg.): Handbuch des deutschen Dramas, Düsseldorf, 120–132

Geschichtliche und sozialwissenschaftliche Darstellungen (Auswahl)

Birtsch, G. (Hrsg.) (1981): Grund- und Freiheitsrechte im Wandel der Gesellschaft und Geschichte. Beiträge zur Geschichte der Grund- und Freiheitsrechte vom Ausgang des Mittelalters bis zur Revolution von 1848. Göttingen

Borscheid, H. u. H. J. Teuteberg (Hrsg.) (1983): Ehe, Liebe, Tod. Zum Wandel der Familie, Geschlechts- und Generationsbeziehungen in der Neuzeit. Münster

Elias, N. (^{2}1975): Höfische Gesellschaft. Untersuchungen zur Soziologie des Königtums und der höfischen Aristokratie. Darmstadt

Engelhardt, U. (1981): Zum Begriff der Glückseligkeit in der kameralistischen Staatslehre des 18. Jahrhunderts. In: Zeitschrift für historische Forschung 8, 37–79

Habermas, Jürgen (^{4}1969): Strukturwandel der Öffentlichkeit. Untersuchungen zu einer Kategorie der bürgerlichen Gesellschaft. Neuwied

Habermas, Jürgen (1976): Universal-

pragmatische Hinweise auf das System der Ich-Abgrenzung. In: M. Auwärter u. a. (Hrsg.): Seminar: Kommunikation, Interaktion und Identität. Frankfurt a. M.

Klippel, D. (1976): Politische Freiheit und Freiheitsrechte im deutschen Naturrecht des 18. Jahrhunderts. München-Paderborn

Marquardt, E. (^{2}1962): Geschichte Württembergs. Stuttgart

Mitterauer, M. u. R. Sieder (1977): Vom Patriarchat zur Partnerschaft. Zum Strukturwandel der Familie. München

Ruppert, Wolfgang (1983): Bürgerlicher Wandel. Die Geburt der modernen deutschen Gesellschaft im 18. Jahrhundert. Frankfurt a. M.

Storz, G. (1981): Karl Eugen. o. O.

Württembergischer Geschichts- und Altertumsverein (Hrsg.) (1907/1909): Karl Eugen von Württemberg und seine Zeit. 2 Bde. Stuttgart

Didaktisch-methodische Literatur (Auswahl)

Berg-Ehlers, Luise (1983): Historisches Drama – Drama in der Historizität: Geschichte als Thema und Kontext. Überlegungen zu Unterrichtsreihen über das Drama in der Sekundarstufe II. In: Braun, Peter u. Dieter Krallmann (Hrsg.): Handbuch Deutschunterricht, Bd. 2, 261–278

Bohse, Jörg (1982): Inszenierte Dramenlektüre: Der Prozeß gegen Karl

von Moor und Moritz Spiegelberg. In: Gerhard Haas (Hrsg.). Literatur im Unterricht. Stuttgart

Göbel, Klaus (Hrsg.) (1977): Das Drama in der Sekundarstufe. Kronberg/Ts.

Haas, Gerhard, Wolfgang Menzel, Kaspar H. Spinner (1994): Handlungs- und produktionsorientierter Unterricht. In: Praxis Deutsch 123, S. 17–25

Henze, Walter (1987): Drama lesen – Drama spielen. Dramentexte in der Sekundarstufe I. Hannover

Ide, Heinz und Bode Lecke (1974): Notizen und Modellvorschläge zur Behandlung klassischer Dramen im heutigen Deutschunterricht. In: Projekt Deutschunterricht 7. Stuttgart, 1–67

Müller, Udo (1992): Literatur im Bild. Stuttgart

Payrhuber, Franz Josef (1983): Drama: Lesen, verstehen, inszenieren. München 1983

Renk, Herta-Elisabeth (1978): Dramatische Texte im Unterricht. Vorschläge, Materialien und Kursmodelle für die Sekundarstufe I und II. Stuttgart

Schuster, Karl (1996): Das personalkreative Schreiben im Unterricht. Hohengehren

Waldmann, Günter (1994): Produktiver Umgang mit Literatur. In: Lange, Günther u. a. (Hrsg.): Taschenbuch des Deutschunterrichts, Bd. 2, S. 406–483

Register

1. Personen des Dramas

Fürst: 8 f., 11, 13–15, 17–22, 41, 66, 70, 80–83, 103 f.

Präsident: 8–12, 18, 20–24, 30 f., 33–40, 42 f., 47, 52, 55 f., 62–64, 67 f., 91–93, 96, 98, 101, 104

Ferdinand: 8–12, 19–43, 46 f., 49–58, 60–65, 67 f., 70, 72, 81, 84–90, 92–98, 100 f.

Hofmarschall: 9–11, 19, 21–23, 39 f., 56, 67, 69, 81–83, 96, 98, 101

Lady Milford: 8 f., 11 f., 14, 18–24, 27–29, 39–41, 47–51, 53, 55, 58, 61, 64–67, 86 f., 90, 97 f., 102 f.

Wurm: 8–10, 12, 18, 21–23, 28, 30, 35, 38 f., 43, 45, 47 f., 56, 61, 63 f., 67 f., 70, 79, 88 f., 91–93, 96, 98, 101, 106

Miller: 8–13, 17, 19 f., 23–27, 32 f., 36 f., 44–46, 48, 56–58, 60, 63, 67–70, 80–83, 92–96, 98, 101, 106

Frau: 9, 23, 31, 37, 47, 67, 82 f., 98, 101

Luise: 8–12, 18 f., 21, 23, 25–29, 33–37, 39, 41 f., 44–46, 48–58, 60, 63 f., 67 f., 70, 72, 82–89, 91–98, 100–103, 106

Sophie: 9, 11, 23, 40, 41

Kammerdiener: 9, 11, 19 f., 23

Bediente: 10, 23, 43

Gerichtsdiener: 10, 12, 23, 37, 43

2. Szenen

I,1: 8, 25 f., 32, 45, 61, 82 f., 92 f., 101, 106

I,2: 8, 25, 30, 32, 46 f., 61, 82 f., 92 f., 101, 106

I,3: 9, 26, 33, 46, 51, 61 f., 67, 82 f., 92 f., 101

I,4: 9, 29 f., 35, 51, 54 f., 61 f., 84 f., 88 f., 101

I,5: 9, 30 f., 35 f., 48, 61 f., 101

I,6: 9, 61, 82 f., 91, 101

I,7: 9, 21 f., 31, 33 f., 36, 47, 55, 61 f., 92 f., 101

II,1: 9, 18, 40 f., 48, 62, 86 f.

II,2: 9, 19 f., 22, 62, 80 f., 86 f., 91, 94 f.

II,3: 9, 21 f., 27–30, 36, 41, 49, 55, 62, 86 f.

II,4: 10, 46, 91

II,5: 10, 34, 51, 55, 82–85

II,6: 10, 20, 25, 34, 36 f., 52, 55, 80, 91–93

II,7: 10, 20, 25, 28, 36–38, 55 f., 80, 82 f., 91–93

III,1: 10, 21, 26 f., 36, 38 f., 48, 66, 79 f., 88 f.

III,2: 10, 21, 39, 79

III,3: 10, 39, 79

III,4: 10, 52 f., 55 f., 63, 68, 79, 84–87, 91, 94 f.

III,5: 10, 79

III,6: 10, 18, 21, 30, 39, 48, 62 f., 79, 91, 94 f.

IV,1: 11, 40

IV,2: 11, 40 56

IV,3: 11, 40, 56, 91

IV,4: 11, 40, 42, 56, 66, 84 f.

IV,5: 11, 40, 56

IV,6: 11, 49

IV,7: 11, 28 f., 41, 49, 53, 66, 91, 102 f.

IV,8: 11, 41, 49 f., 66

IV,9: 11, 41, 50, 66

V,1: 11, 26, 44–46, 53 f., 63, 82–85, 87, 91

V,2: 11, 42

V,3: 12, 46, 47

V,4: 12, 56 f., 66, 84 f., 90 f.

V,5: 12, 47

V,6: 12, 47, 57, 97

V,7: 12, 42, 54, 67, 84 f., 91

V,8: 12, 42 f., 47 f., 54, 63, 84, 86 f., 91, 96, 97

Zeittafel zu Leben und Werk

1759 Friedrich Schiller wird am 10. November in Marbach/ Neckar geboren. Seine Eltern: der Wundarzt und spätere Offizier Johann Kaspar Schiller und Elisabeth Dorothea Schiller, geb. Kodweiß

1764 Nach wechselnden Aufenthalten Umzug nach Lorch

1766 Übersiedlung nach Ludwigsburg in die Residenzstadt Karl Eugens

1773 Eintritt in die Herzogliche Militär-Akademie, Karlsschule

1780 Abschluss des Medizinstudiums

1781–1782 Schiller lebt als Militärarzt in Stuttgart

1782 22. September, Flucht aus Stuttgart, über Mannheim, Frankfurt nach Oggersheim, ab 7. Dezember in Bauerbach (Thüringen)

1783 24. Juli, Aufbruch nach Mannheim

1783–1784 1. September bis 31. August, Anstellung als Theaterdichter am Mannheimer Nationaltheater

1785–1787 Als Gast Christian Gottfried Körners in Leipzig und Dresden

1787–1788 Aufenthalt Schillers in Weimar

1788 7. September, erste Begegnung mit Goethe, Berufung als a. o. Professor nach Jena

1789 Übersiedlung nach Jena, Reisen

1790 Verheiratung mit Charlotte von Lengenfeld

1791 Schwere Erkrankung Schillers, von der er sich nie wieder richtig erholt

1793–1794 Aufenthalt in Württemberg

1794 Mai, Ankunft Schillers in Jena, Beginn der Freundschaft mit Goethe

1799 3. Dezember, Übersiedlung nach Weimar

1802 Erhebung Schillers in den Adelsstand

1805 Schiller stirbt am 9. Mai in Weimar

Dramen

1781 DIE RÄUBER

1783 DIE VERSCHWÖRUNG DES FIESCO ZU GENUA

1784 KABALE UND LIEBE

1787 DON KARLOS, INFANT VON SPANIEN

1798–1799 WALLENSTEIN

1800 MARIA STUART

1801 DIE JUNGFRAU VON ORLEANS

1803 DIE BRAUT VON MESSINA

1804 WILHELM TELL

1804–1805 DEMETRIUS

Romane und Erzählungen

1786 VERBRECHER AUS INFAMIE

1787 DER GEISTERSEHER

Lyrik

1782 ANTHOLOGIE AUF DAS JAHR 1782

1786 RESIGNATION, AN DIE FREUDE

1788–1789 DIE GÖTTER GRIECHENLANDS, DIE KÜNSTLER

1795 GEDANKENLYRIK

1798 BALLADEN

1800 DAS LIED VON DER GLOCKE

Schriften

1782 VOM GEGENWÄRTIGEN DEUT-
SCHEN THEATER

1785 WAS KANN EINE GUTE STEHENDE
BÜHNE EIGENTLICH WIRKEN?

1786 PHILOSOPHISCHE BRIEFE

1788 GESCHICHTE DES ABFALLS DER
VEREINIGTEN NIEDERLANDE VON
DER SPANISCHEN REGIERUNG

1789 WAS HEISST UND ZU WELCHEM
ENDE STUDIERT MAN UNIVER-
SALGESCHICHTE?

1790 GESCHICHTE DES
DREISSIGJÄHRIGEN KRIEGES

1793 ÜBER ANMUT UND WÜRDE, VOM
ERHABENEN

1795 ÜBER DIE ÄSTHETISCHE ERZIE-
HUNG DES MENSCHEN

1795–1796 ÜBER NAIVE UND SENTI-
MENTALISCHE DICHTUNG

1797 XENIEN